Bein-Wierzbinski / Heidbreder-Schenk • Konzentration und Körperhaltung

Wibke Bein-Wierzbinski / Christiane Heidbreder-Schenk

Konzentration und Körperhaltung erfolgreich fördern

47 Bewegungsspiele für zwischendurch

2., erweiterte Auflage

Limpert Verlag Wiebelsheim

Die Ratschläge in diesem Buch sind von den Autoren und dem Verlag sorgfältig erwogen und geprüft, dennoch kann keine Garantie übernommen werden. Eine Haftung der Autoren bzw. des Verlages und seiner Beauftragten für Personen-, Sach- und Vermögensschäden ist ausgeschlossen.

Bibliografische Information der Deutschen Nationalbibliothek
Die Deutsche Nationalbibliothek verzeichnet diese Publikation in der Deutschen Nationalbibliografie; detaillierte bibliografische Daten sind im Internet über http://dnb.d-nb.de abrufbar.

2., erweiterte Auflage

www.limpert.de

Zeichnungen: Christiane Heidbreder-Schenk
Druck und Verarbeitung: TZ Verlag & Druck GmbH, Roßdorf
Printed in Germany/Imprimé en Allemagne
ISBN 978-3-7853-1978-9

Vorwort zur 1. Auflage

Endlich! – Seit Jahren warte ich auf dieses Buch – auf ein Buch, in dem die körperliche Reifung bei Lernschwierigkeiten Beachtung findet und auf dieser Grundlage praktische Hilfen für die Arbeit mit Kindern im (Schul-) Alltag gegeben werden.

Der Grund, warum ich mich über dieses Buch so freue, ist folgender: In meiner Zeit als aktive Lehrerin hatte ich immer wieder mit Kindern zu tun, von denen ich überzeugt war, dass sie gutes bis sehr gutes Potenzial besaßen und die dann z. B. daran scheiterten, dieses Potential auch schriftlich zu zeigen. Sie zeigten Auffälligkeiten, die ich mir nicht erklären konnte und für die ich keine Lösungen hatte. Selbst mit Materialien aus der Förderschule konnte ich manchen Schülern nicht signifikant weiterhelfen. Dabei spielte der soziale Hintergrund des Kindes keine nennenswerte Rolle. Es waren Schüler und Schülerinnen, denen das Lesenlernen unverhältnismäßig schwer fiel, die viel länger als ihre Klassenkameraden beim Lesen den Finger benötigten, manche machten beim Diktat weniger Fehler als beim Abschreiben von der Tafel. Dazu kamen Kinder, die trotz „guter Erziehung" größte Schwierigkeiten hatten still zu sitzen, die seltsame Körperhaltungen beim Schreiben oder Malen einnahmen oder die unerklärlich schüchtern und ängstlich waren und trotz aller pädagogischer Bemühungen extreme soziale Unsicherheiten und Versagensängste zeigten.

Erst durch die Begegnung mit der Arbeit von Frau Dr. Bein-Wierzbinski, die letztendlich zu meiner Ausbildung zur Entwicklungs- und Lerntherapeutin nach PäPKi® und dadurch zur Arbeit mit mehreren hundert Vor- und Grundschulkindern, Jugendlichen und jungen Erwachsenen in den letzten Jahren führte, habe ich die Bedeutung körperlicher Reifung als Faktor bei Lernschwierigkeiten verstanden und kann mir heute erklären, warum viele meiner Schüler so kämpfen mussten.

In diesem Buch finden Sie Bewegungsübungen, die sich als Auflockerung in den Unterricht bzw. als Aufwärmübungen in der Sporthalle integrieren lassen und mit denen Sie an den Ursachen vieler Lernprobleme und Verhaltensauffälligkeiten ansetzen. Vorteilhaft finde ich dabei, dass die Übungen gerade auch im Klassenraum keinerlei organisatorischer Vorbereitung bedürfen und dort am Tisch sitzend durchgeführt oder im Stuhlkreis integriert werden können.

Als dieses Buch noch nicht vorlag, habe ich für eine Kollegin, die an der hiesigen Förderschule unterrichtet, eine der hier beschriebenen Übungen entwickelt und sie mit den Kindern eingeübt. Es war schön zu sehen, mit welchem Eifer die Schüler sich an den einzelnen Schritten versuchten – und gleichzeitig erschreckend, wenn auch für mich nicht unerwartet, wie schwer es ihnen fiel, die Körperspannung überhaupt aufzubauen. Dennoch – bereits nach wenigen Wochen bemerkte die Kollegin eine positive Veränderung in der Körperwahrnehmung, Konzentrationsfähigkeit und der Feinmotorik bei vielen Schülern. Mir zeigte es wieder einmal: Viel Wirkung ist mit wenig Aufwand möglich, wenn an der richtigen Stelle angesetzt und konsequent gearbeitet wird.

Ich wünsche diesem Buch eine große Verbreitung – für alle Schüler, die mit „unsichtbaren Körperbremsen" zu kämpfen haben und sich dadurch noch mehr anstrengen (müssen) als ihre Klassenkameraden und die trotzdem nicht die Leistungen bringen (können), die von ihnen erwartet werden und ebenso für alle KollegInnen, die sich immer wieder fragen: „Wo kann ich bei diesem oder jenem Kind noch ansetzen, um ihm das Lernen zu erleichtern?“ Und ich möchte Sie ermutigen: Machen Sie sich mit den Übungen vertraut und finden Sie diejenigen heraus, mit denen Sie sich am wohlsten fühlen – in dem Bewusstsein, dass Sie Ihren Schülern und Schülerinnen damit fundamentale Unterstützung für wichtige Lernprozesse anbieten. Es lohnt sich!

Silke Schmidt
(Grund- und Hauptschullehrerin)
Syke, 20.1.2010

Vorwort zur 2. Auflage

Ich freue mich über das Erscheinen dieses Buches und lege all meine Zuversicht in seine Verbreitung und Nutzung, denn aus persönlicher Erfahrung, aus Beobachtungen als Lehrerin in verschiedenen Schulformen und nicht zuletzt aus Gesprächen während meines langjährigen Projekts „Lesen von Geburt an“ weiß ich, dass laut Statistik ca. 20% aller Säuglinge, Klein- und Schulkinder Defizite haben bei der motorischen Entwicklung, beim Spracherwerb, bei der Aufmerksamkeitsspanne und nicht zuletzt beim Lesen- und Schreibenlernen (Augen-Hand-Koordination). Oft werden die Defizite von großer motorischer Unruhe, Clownerien, Aggressionen und „Null-Bock-Haltung“ begleitet.

Die Begegnung mit Frau Dr. Wibke Bein-Wierzbinski und der Besuch ihrer Kurse „Frühkindliche motorische Entwicklung“ nach PäPKi schärften meinen Blick für die Not zahlreicher Kinder und ihrer besorgten und ratlosen Eltern. Bei Gesprächen verglich ich die senso-motorische Entwicklung eines Kleinkindes bildhaft mit der Abfolge von „Entwicklungsschichten“, die sich sorgsam nachordnen müssen. Verschiebungen oder gar Abbrüche in der frühkindlichen Entwicklung wirken wie eine gebrochene oder vorstehende Speiche beim Fahrrad: Das Fortkommen ist gestört.

In Zukunft kann ich dankender Weise bei meinen Beratungen und Hilfsangeboten auf dieses Buch beider Autorinnen zurückgreifen, das durch erläuternde Texte, praktische Anweisungen und augenfällige Zeichnungen ein hervorragendes Handbuch darstellt für alle, die Kindern behilflich sind, ihre nicht ausgelebten Entwicklungsphasen nachzuholen, damit Lern- und Verhaltensauffälligkeiten gemindert bzw. überwunden werden können,

denn eine harmonische Bewegung
bewirkt Entwicklung, Wachstum und Lernen –
sie ist Leben!

Rosemarie Isensee
Nienburg, 18. Januar 2020

Danksagungen

Ganz herzlich möchten wir uns bei den vielen Kindern der Kindersportschule (KiSS) der Turn- und Sportgemeinschaft Hamburg-Bergedorf (kiss@tsg-bergedorf.de) bedanken, die mit viel Freude und Engagement die Spielanregungen ausprobiert und die Praktikabilität erprobt haben. Wir danken insbesondere der Leitung Andreas Kulczynski für seine Unterstützung und Offenheit, um Probestunden, Fototermine und Geräteaufbauten zu ermöglichen.

Unser herzlicher Dank geht auch an zwei Lehrerinnen, die mit ihrem Engagement mit den Schülern und ihren Ideen viele Anregungen für dieses Buch gegeben haben. Es handelt sich um Silke Schmidt, Grund- und Hauptschullehrerin aus Syke bei Bremen sowie um Margarete Westermeier, Förderschullehrerin der Pauline-von-Mallinckrodt-Schule der Stadt Paderborn, die beide eine Zusatzausbildung zur Entwicklungs- und Lerntherapeutin nach PäPKi® absolviert haben. Mit ihrem Wissen und Talent unterstützen sie Kinder mit Förderbedarf und machen sie „Fit für's Lernen".

Ganz herzlich möchten wir uns auch bei denen bedanken, die uns bei den Illustrationen mitgeholfen haben. Hierzu haben in vielen Sitzungen Aline Stölting und Louis Henckell-Rosas mit viel Talent und Geduld die Übungsanweisungen umgesetzt, so dass die präzisen Zeichnungen zu den einzelnen Spielanregungen von uns gefertigt werden konnten. Ein besonderer Dank gilt auch Christa Schenk, die tage- und nächteweise die vielfältigen und schönen Colorationen der Zeichnungen umgesetzt hat.

Inhaltsverzeichnis

Begriffserläuterungen

Abduktion	das Wegbewegen eines Körperteils von der Mitte, z. B. den Arm seitlich nach außen anheben
afferent	zum Zentralen Nervensystem leitende Nervenbahnen
Akkomodation	Anpassung der Linsenkrümmung im Auge, um klar zu sehen
alternierende Bewegungen	Beispiel: abwechselnde Bewegungen der Beine beim Treppensteigen, nur bei ausreichender Entwicklung der diagonalen Bewegungsmuster möglich
auditiv	das Hören betreffend
Aufrichtung	Prozess in der frühkindlichen Entwicklung von der horizontalen in die vertikale Stellung über bestimmte Bewegungs- und Haltungsmuster. Je aufgerichteter der Körper ist, desto mehr Funktionsmöglichkeiten ergeben sich
Außenrotation	Beispiel: Bein ist im Hüftgelenk außenrotiert; Stellung des Beines, bei der das Knie leicht zur Seite nach außen zeigt
cerviko-okzipitaler Bereich	Bereich (sensorisch und motorisch) vom 1.Halswirbel und dem Hinterkopf
Divergenz	(lat. divergere: auseinandergehen) beide Augenachsen bewegen sich auseinander
dorsal	rückseits gelegen
Extension der Wirbelsäule	Streckung der Wirbelsäule
Fetalzeit	Zeit nach Abschluss der Organbildung im Mutterleib, ab 3. Monat bis zum Ende der Schwangerschaft
Formkonstanz	Fähigkeit einen Gegenstand wiederzuerkennen, auch wenn sich seine Lage im Raum verändert. Egal wie eine Tasse gehalten wird, gerade, schräg oder überkopf, wir erkennen sie immer als Tasse
Innenrotation	Beispiel: eine zur Körpermitte hin gerichtete Bewegung der Arme, Beine, Hände oder Füße
Interozeption	Wahrnehmung von Vorgängen aus dem Körperinnern (z. B. Verdauungstrakt, Herzschlag, Atemfrequenz)
Kopfgelenksdysfunktion	Verspannungen und Irritationen im Bereich der ersten beiden Halswirbel, die zu fehlgesteuerten Haltungen und Sinneserfahrungen führen
Konvergenz	(lat. convergere: sich hinneigen) gleichzeitige Bewegung beider Augen zur Gesichtsmitte beim Fixieren naher Gegenstände
Lateralflexion	Seitneige der Wirbelsäule

neuromotorisch	Zusammenhang von neurologischer Steuerung und Bewegung
orofazialer Bereich	Gesamte innere und äußere Haut und Muskulatur im Bereich des Mundes und der unteren Gesichtshälfte bzw. des Unterkiefers
Pronation	Einwärtsdrehung der Hand oder des Fußes
Propriozeption	Tiefensensibilität; verantwortlich für die Wahrnehmung von Stellung und Bewegung des Körpers im Raum sowie für die Muskelspannung und Gelenkstellung durch spezifische Rezeptoren
Propriozeptoren	Spezifische Rezeptoren in Form von Muskelspindeln für die Eigenwahrnehmung
Reklination	(lat. reklinare: rückwärts biegen) in diesem Fall Zurückbiegen des Kopfes
retrahierte Schultern	Fehlhaltung der Schultern nach hinten und oben (Retraktion: sich zurückziehen)
Schlüsselgelenke	Die Hüft- und Schultergelenke werden als Schlüsselgelenke bezeichnet. Erst durch ihre Ausreifung können die nachfolgenden Körperteile (Extremitäten) ihre Fähigkeiten und Funktionen voll entwickeln
Sensomotorik	Unmittelbare Steuerung und Kontrolle der Bewegungen von Lebewesen aufgrund von Sinnesrückmeldungen
Sensorischen Integration	Sinnvolle Ordnung, Aufgliederung und Verarbeitung von Sinneserregungen im Zentralen Nervensystem (ZNS), welche als Fundament für eine adäquate Auseinandersetzung mit der Umwelt und gleichzeitig auch Basis für darauf aufbauende kognitive Prozesse darstellt
Supination	(lat. supinare: nach oben kehren) Auswärtsdrehung; z. B. der Hand und des Vorderarms bzw. Heben des inneren Fußrandes.
ventral	bauchseits gelegen
visuell	das Sehen betreffend, für das Auge sichtbar
Visus	das Sehen, die Sehschärfe

1 Neue pädagogische Herausforderungen im Umgang mit der heranwachsenden Kindergeneration

In den letzen 20 bis 30 Jahren haben sich die pädagogischen Aufgabenbereiche im Umgang mit der heranwachsenden Generation deutlich geändert. Waren es früher ein oder zwei Kinder pro Grundschulklasse, die Förderunterricht in einem bestimmten Bereich benötigten, so ist es heute zum Teil jedes fünfte Kind mit gezieltem und weit mehr noch mit latentem Förderbedarf in vielen Bereichen. Die Ausprägung des Förderbedarfs hat sich verändert. In erster Linie waren es früher deutliche Reifungsstörungen, die in der Regel durch den Kinderarzt und einer physiotherapeutische Therapie zu behandeln waren. Heute sind es vermehrt Auffälligkeiten aus dem Bereich der sog. funktionellen Entwicklung. Diese zeigen sich in einem nicht altersgemäßen Zuwachs von Fähigkeiten auf den Gebieten der Körperbeherrschung und Bewegung, der Sprache, der Aufmerksamkeit sowie der Wahrnehmungs- und Informationsverarbeitung (Schlack 2004). Wir finden heutzutage eine Vielzahl an Kindern vor, die im Sportunterricht und im Pausenhof durch Tollpatschigkeit und unrunde Bewegungen auffallen und die schon bei alltäglichen Bewegungen wie Laufen oder über etwas steigen kleine Blessuren davontragen. Sie scheinen ihren eigenen Körper und dessen Möglichkeiten zu wenig zu empfinden, sodass sie sich zum Teil überschätzen oder sich in eine passive Rolle flüchten und sich gänzlich verweigern. Sie können sich wenig auf eine Tätigkeit konzentrieren, besitzen eine geringe Frustrationstoleranz, verlieren schnell die Lust, wenn es einmal etwas anstrengender oder länger wird. Es scheint, als wäre ihre innere Motivation, etwas zu erreichen, verkümmert, eine Selbstwirksamkeit konnte sich nicht entwickeln. Sie sind dadurch ständig auf der Suche nach äußerer Anerkennung und daher nicht in der Lage eine innere Zufriedenheit zu entwickeln. Dieser ständige Reizhunger gepaart mit Aufmerksamkeitsstörungen führt bei diesen Kindern schnell zu Frustration und im Laufe der Zeit verfallen sie in eine „Null-Bock-Haltung", die dann ihre Eigenmotivation weiter verkümmern lässt und ihren gesamten Alltag bestimmt – und das weit vor und unabhängig von der Pubertät.

Funktionelle Entwicklungsdefizite finden bislang wenig Aufmerksamkeit bei Kinderärzten, da es sich im medizinischen Sinne um gesunde Kinder handelt. Funktionelle Entwicklungsdefizite haben aber eine immense Auswirkung auf das alltägliche Miteinander und auf das professionelle pädagogische Handeln.

Zahlen und Fakten

Die Anzahl an auffälligen Vor- und Grundschulkindern, die unter Koordinationsdefiziten, Aufmerksamkeitsdefiziten, Hyperaktivität oder anderen Verhaltensauffälligkeiten wie oppositionellem Verhalten leiden, nimmt stetig zu: In einem Beobachtungszeitraum von 10 Jahren (1997 bis 2007) wurden in Bayern über 11.284 Vorschulkinder bezüglich ihrer motorischen, kognitiven, psychosozialen und sprachlichen Fertigkeiten untersucht (Stich 2009). Waren es im Jahre 1997 noch 2,7 % der Vorschulkinder mit Teilleistungsstörungen der Grobmotorik, so kam es drei Jahre später zu einem signifikanten Anstieg auf 10,6 %. Dies bedeutet, dass jedes zehnte Vorschulkind deutlich sichtbare Schwierigkeiten in der Koordination seines Körpers z. B. beim Einbeinstand, beim Einbeinhüpfen oder auch beim Seiltänzergang aufwies. Im Bereich der Feinmotorik sind die Zahlen ebenfalls alarmierend: Ausgehend von einem Minimum von 4,1 % beim Einschulungsjahrgang 1997 zeichnete sich ein kontinuierlicher Anstieg von Teilleistungsstörungen der Feinmotorik bis auf ein Maximum von 20,9 % beim Jahrgang 2007 ab. Bei fast jedem fünften Kind wurden Auffälligkeiten beim

Finger-Oppositionstest, bei der zeichnerischen Wiedergabe von Formen oder auch beim Malen eines Männchens deutlich.

Ähnliche Zahlen lassen sich auch im Norden Deutschlands verzeichnen: Waren es im Jahre 2000 laut Schuleingangsuntersuchung in Schleswig-Holstein (Ministerium für Soziales, Gesundheit, Familie, Jugend und Senioren des Landes Schleswig Holstein 2000) bereits 11,9 % Kinder mit Koordinationsdefiziten, so wurde 2006 (Ministerium für Soziales, Gesundheit, Familie, Jugend und Senioren des Landes Schleswig Holstein 2006) ein Zuwachs um 6,7 % auf 18,6 % in diesem Bereich beschrieben. Das bedeutet, dass jedes fünfte bis sechste Kind deutliche Defizite in der Koordination seines Körpers aufwies. Die körperlichen Schwächen haben unmittelbaren Einfluss auf das Verhalten. Hinsichtlich der Verhaltensauffälligkeiten waren es im Jahre 2000 6,5 % der einzuschulenden Kinder, 2006 bereits 17,2 %. Auch bei den Sprachschwierigkeiten wurde ein Zuwachs von 7,6 % auf 20,4 % im Jahre 2006 festgestellt.

Diese alarmierenden Zahlen spiegeln die alltäglichen Schwierigkeiten von Erziehern und Lehrkräften wider, die spüren, dass der Umgang mit ihren Schützlingen und deren Leistungsspektrum nicht mehr gleichzusetzen ist mit dem, was sie vor einigen Jahren oder auch Jahrzehnten in ihrem Berufsalltag vorfanden.

2 Woran liegt es, dass bei unseren Kindern die Auffälligkeiten aus dem Bereich der funktionellen Entwicklung, im Verhalten und in der Emotionalität so zugenommen haben?

Diese Frage ist sicherlich nicht allumfassend zu klären, da es immer eine Gemengelage aus ganz verschiedenen Faktoren ist, die bei dem einen oder anderen Individuum schließlich zu Entwicklungsauffälligkeiten geführt haben. Neben erblichen Faktoren, Umweltgiften und medizinisch notwendigen perinatalen Eingriffen gibt es Anhaltspunkte dafür, dass es – so banal es auch klingen mag – die veränderten Lebens- und Erziehungsgewohnheiten sind, mit denen unsere Kinder heutzutage aufwachsen. Abweichungen vom „normalen" Entwicklungsweg gab es schon immer, jedoch scheinen viele unserer Kinder sie heutzutage weniger gut zu kompensieren. Anfänglich kleine Auffälligkeiten führen dann im Kindergarten- oder Schulalter zu messbaren Defiziten in den Bereichen der Körperbeherrschung, der Sprache und der Wahrnehmungsverarbeitung und wachsen schließlich zu benennbaren Störungen aus, wie z. B. dem Aufmerksamkeitsdefizit-Syndrom, dem scheinbaren Bild eines Asperger-Syndroms, der Hyperaktivität oder der übersteigerten Impulsivität.

Besonders wichtig bei der Suche nach Ursachen für die gesteigerte Anzahl von auffälligen Entwicklungsabläufen scheint hier der Beginn und das erste Lebensjahr zu sein. In dieser Frühphase baut das neugeborene Kind ein Beziehungsfundament zu Mutter und/oder Vater auf und steckt einen eigenen Handlungshorizont ab, in dem es Eigenaktivitäten ausprobieren und erproben kann. Bei jedem Kind ist die hierbei zugrunde liegende Eigenmotivation zum Erkunden, Handeln und Lernen angeboren (Schlack 2006). Es ist jedoch zu beobachten, dass der Handlungsspielraum für eigenverantwortliches Erproben und Handeln bei unseren heranwachsenden Kindern eingeschränkt ist.

Seitens der Entwicklungspsychologie (Spangler und Zimmermann 1999; Papousek 2001, 2004, 2006) wird u. a. die gestörte intuitive Erziehungskompetenz herangezogen, die zu nachhaltigen Störungen in der non-verbalen und verbalen Kommunikation zwischen Eltern und Kind führt. Als Risikofaktoren werden u. a. fehlender familiärer Rückhalt (Paarkonflikte, Scheidungen, Alleinerziehende), Probleme der Vereinbarkeit von Elternschaft und Beruf oder auch ein überhöhtes Elternschaftsideal und Kompetenzdruck in der Gesellschaft angeführt. Es wird davon ausgegangen, dass es aufgrund von äußerlichen (gesellschaftlich-politischen und familiären) Stressfaktoren zu Kompetenzverlust seitens der Eltern kommt, welcher sich dann im Verhalten und in der Entwicklung der heranwachsenden Kinder widerspiegelt. Die mangelhafte Erfüllung seelischer Grundbedürfnisse in früher Kindheit, die zu geringe Bindungssicherheit und die dadurch bedingte Einschränkung der Eigenaktivität spielen hierbei eine entscheidende Rolle (Schlack 2004, 2006, 2007).

Neben diesen äußeren Störfaktoren kann man in den letzten Jahrzehnten auch einen starken Zuwachs verzeichnen bezüglich neuromotorischer Entwicklungsauffälligkeiten, sog. innerer, körperlicher Faktoren mit denen die Kinder häufig schon geboren werden oder die sich in den ersten Monaten entwickeln. Die Anzahl an zu behandelnden Säuglingen mit fehlendem Mundschluss und Störungen bei der Nahrungsaufnahme, mit Kopfgelenksdysfunktionen, mit Tonusasymmetriestörungen sowie lagebedingten Schädelverformungen oder mit einer stark verringerten oder auch übersteigerten und planlosen Eigenaktivität zum Teil schon im Säuglingsalter und besonders ab dem 3. Lebensjahr nimmt stetig zu. Auch diese Auffälligkeiten gab es schon immer, aber die Tragweite der Einschränkungen und die Anzahl an betroffenen Kindern haben sich geändert.

Auf der Suche nach Gründen, warum die heranwachsende Kindergeneration so wenig in der Lage ist, die körperlichen zunächst wenig auffälligen Probleme zu kompensieren, ist es sinnvoll die äußeren Störfaktoren mit einzubeziehen.

Das Zusammentreffen von innerer, körperlicher Unreife und äußeren Störfaktoren bezüglich einer veränderten Elternkompetenz scheint sich besonders negativ auf die Entwicklung von Säuglingen auszuwirken. Die in den letzten Jahren deutlich verringerte Eigenaktivität der Säuglinge hat zum Beispiel negative Auswirkungen auf lagebedingte Verformungen des Schädels und des Körperaufbaus. Normalerweise ist ein Säugling ausreichend motiviert, sich immer weiter aus der flachen, liegenden Ebene hoch zu entwickeln beziehungswiese aufzurichten, um seine Umgebung zu erforschen. Auftretende Reifedefizite, wie z. B. eine vorrübergehende schlechte Kopfkontrolle in den ersten sechs bis acht Lebenswochen, werden durch die verschiedenen Bewegungen und Haltungen automatisch nach und nach verringert. Sie treten dann nicht weiter als Störungen auf, sondern höchstens als kurzzeitige Durchgangssyndrome. Wenn ein Kind nun aber passiv im Bett liegt und wenig Eigenaktivität zeigt und dazu noch wenig von außen animiert wird, sich zu bewegen, dann können daraus weit reichendere Probleme hervorwachsen. Äußerlich sind sie zum Teil nur in Form von abgeflachten, asymmetrischen Schädeln zu beobachten oder durch die unterschiedlich intensive Benutzung der Arme und Beine im Säuglingsalter. Gravierender aber wirken sich die zunächst verborgenen, jedoch häufig einhergehenden Störungen aus, wie zum Beispiel manifest werdende Tonusasymmetrien, Aufrichtungsdefizite und Kopfgelenksdysfunktionen (Biedermann 2006, Coenen 2010, Sacher 2004). Besonders Störungen im sehr empfindlichen Nacken- und Kopfgelenksbereich führen durch „Nicht-Ausprobieren" des Körpers schließlich zu sensorischen Regulations- und Integrationsstörungen, welche sich wiederum negativ – fast schon blockierend – auf die Eigenmotivation auswirken können. Körperliche, neuromotorische und sensorische Auffälligkeiten gepaart mit äußeren Störfaktoren, die auf der Beziehungs- und Kommunikationsebene stattfinden, scheinen sich in ihren negativen Eigenschaften wie in einem Teufelskreis gegenseitig zu verstärken.

Die Auswirkungen dieses Teufelskreises (fehlende Bindungssicherheit und körperlich „verstellte" Möglichkeiten zu eigenmotivierten Erkundungs-, Betätigungs- und Lernaktivitäten) blockieren schließlich durch mangelnde Motivation und körperliche Reifungsstörungen den Weg zum Erwerb von Erfolgserlebnissen und Selbstwert. Die daraus resultierenden Defizite im Zwischenmenschlichen, in der Kommunikation und in der Körperwahrnehmung und Bewegungssteuerung sind nicht nur in der Säuglingszeit zu beobachten, sondern bleiben bestehen und werden im Kindergarten- und Schulalter zu messbaren funktionellen Entwicklungsstörungen.

3 Fördermöglichkeiten bei funktionellen Entwicklungsstörungen mit Fokus auf die Bewegungsentwicklung betroffener Kinder

Neben den vielfältigen Ursachen von funktionellen Entwicklungsstörungen und deren Abhängigkeiten untereinander und gegenseitigen Verstärkungen, die zu dem oben beschriebenen Teufelskreis geführt haben, soll hier nun ein Fokus auf die Bewegungsentwicklung auffälliger Kinder gerichtet werden. Das Konzentrieren auf die Bewegungsentwicklung hinsichtlich einer Förderung bei funktionellen Entwicklungsdefiziten eignet sich besonders gut, da es zum einen gerade für Lehrkräfte und Erzieher handhabbarer ist, als sich mit den vielfältigen Unstimmigkeiten im innerfamiliären Bereich auseinanderzusetzen. Zum anderen sind motorische Entwicklungsdefizite, auch wenn deren Ursprung meistens einem viel früheren Zeitpunkt (Säuglingszeit) zuzuschreiben ist, auch noch bei den älteren Kindern mit latentem Förderbedarf beobacht- und veränderbar. Anstelle eines individuellen Förderns können die hier aufgeführten, motorisch orientierten Spielanregungen allen Kindern zugute kommen, was einerseits finanzielle Vorteile mit sich bringt. Andererseits werden gerade Kinder mit Förderbedarf nicht noch zusätzlich stigmatisiert.

3.1 Anzeichen für funktionelle Entwicklungsstörungen bei Vor- und Grundschulkindern aus dem Bereich der Motorik

Funktionelle Entwicklungsstörungen aus dem Bereich der Motorik sind durch einen nicht altersgemäßen Zuwachs von Fähigkeiten auf den Gebieten der Bewegungssteuerung, der Körperbeherrschung sowie der sensomotorischen Wahrnehmungsverarbeitung charakterisiert. Beim Beobachten von Vor- und Grundschulkindern im Sportunterricht sowie im Klassenraum sind besonders folgende Auffälligkeiten zu beschreiben:

Im Sportunterricht:

- Unrunde Bewegungsabläufe beim Laufen mit wenig koordinierten Arm- und Beinbewegungen; anstelle von alternierenden/ kontralateralen Bewegungen der Arme und Beine werden homolaterale/ einseitig gleichgerichtete durchgeführt.
- Mit den Füßen kann nur wenig Sprungkraft aufgebaut werden; die Füße werden wenig abgerollt; die Großzehen zeigen latent nach innen.
- Die Beine werden wenig außenrotiert; bei der Hockhaltung zeigen die Knie nicht wie gewöhnlich nach außen sondern eher nach innen, sodass die Unterschenkel weiter auseinanderstehen als die Oberschenkel.
- Mit den Schultern und Armen kann nur wenig Kraft aufgebaut werden; Reck- und Barrenturnen sowie das Hochziehen an einem Tau schaffen nur noch wenige Kinder.
- Schon bei geringen Anstrengungen wird der Kopf in den Nacken gezogen und die Kraft schwindet aus den Armen.
- Bei der Rolle vorwärts ist der Kopf in den Nacken gezogen und der Rücken zu wenig gekrümmt, sodass ein Abrollen nicht möglich ist.
- Das gerade Sitzen auf dem Hallenboden mit nach vorn gestreckten Beinen bereitet große Schwierigkeiten; betroffene Kinder müssen ihren Oberkörper mit den Armen nach hinten abstützen und können nicht mit geradem Rücken sitzen.

Im Klassenraum:

- Das Sitzen auf einem Stuhl bereitet Schwierigkeiten; es wirkt so, als ob es keine bequeme Sitzposition geben würde; ständig wird die Position geändert; der Rücken ist dabei stark nach hinten durchgedrückt und das Becken nach hinten gekippt, sodass ein bequemes Sitzen auf den Sitzhöckern nicht möglich ist (Sitzkyphose).
- Einige Kinder bevorzugen das Arbeiten im Stehen, wobei sie mit einem Bein auf dem Stuhl knien und das andere durchstrecken und sich dabei mit einem Arm auf dem Tisch abstützen.
- Andere Kinder präferieren das „Ablegen" des Oberkörpers und des Kopfes auf der Tischplatte.
- Wieder andere bevorzugen die innenrotierte Beinhaltung beim Sitzen und „wickeln" ihre Unterschenkel und Füße um die Stuhlbeine.
- Der Kopf scheint ebenfalls keine optimale Position zu finden; entweder muss er aufgestützt werden oder er wird ständig nach rechts und links geneigt.
- Das Konzentrieren auf eine Tätigkeit ist nur von kurzer Dauer; schnell klagen betroffene Kinder über Kopfschmerzen im Bereich der Schläfen oder tragen eine sog. „Winkelfehlsichtigkeitsbrille" mit Prismengläsern, obwohl bei ihnen augenärztlicherseits kein Schielen festgestellt wurde.
- Andere Kinder wirken schnell erschöpft und reagieren mit Unterzuckerung, welche sich bis zu einem Migräneanfall steigern kann.
- Das konzentrierte Arbeiten am Tisch wird häufig durch plötzliches Aufspringen und zum Teil auch durch Aggressionsausbrüche unterbrochen.
- Einige Kinder können schon nach kurzer Zeit den Blick nur noch in die Ferne richten und wirken so, als ob sie träumen würden.
- Das Halten und Führen von Stiften wird zum Teil mit Faustgriff und innenrotiertem Arm und einwärts gedrehter Hand (proniert) durchgeführt, woraus Verspannungen bis hinauf in den Schultergürtel und Nacken resultieren. Häufig kann die Schreibhand auch noch nicht locker auf dem Blatt mitgeführt werden, sodass der Arm in der Luft bleibt und das Schreiben und Zeichnen mit einem unverhältnismäßigen Kraftaufwand und nur mit vielen Unterbrechungen durchgeführt wird.

Diese hier beschriebenen Bewegungs- und Verhaltensauffälligkeiten von Vor- und Grundschulkindern mit funktionellen Entwicklungsdefiziten liegen meist körperliche Unreifen aus dem Bereich der Neuromotorik zugrunde, die ihren Ursprung in der Säuglingszeit haben, – in einem Entwicklungsabschnitt, in dem ein neugeborenes Kind sich nach und nach gegen die Schwerkraft aus der horizontalen in die vertikale Lage hoch arbeitet, und dabei ganz bestimmte Haltungen und Bewegungsabläufe erprobt und gelernt werden. Muskelspannungen, Gelenkstellungen und die dabei entstehenden Sinneserfahrungen werden aufeinander eingespielt bzw. integriert.

Um einen besseren Einblick in diesen sensomotorischen Reifeprozess zu bekommen und Zusammenhänge mit später auftretenden, funktionellen Entwicklungsdefiziten zu verstehen, ist es sinnvoll, einen kurzen Abstecher in die Säuglingszeit zu unternehmen und sich mit dem sog. neuromotorischen Aufrichtungsprozess kurz auseinanderzusetzen.

3.2 Die Bewegungsentwicklung während der Säuglingszeit: der neuromotorische Aufrichtungsprozess

Die Bewegungsentwicklung in den ersten zwölf bis 18 Lebensmonaten ist von besonderer Bedeutung: Das neugeborene Kind entwickelt in dieser Phase physiologisch vorgegebene Körperhaltungen, Bewegungsabläufe und die dazu passenden Tonus- und Gleichgewichtseinstellungen, die es ihm erlauben, sich gegen die Schwerkraft aufzurichten und den Körper in ganz unterschiedlichen Lagen koordiniert zu bewegen und zu halten. Dieser Prozess des Aufrichtens ist Ausdruck der frühkindlichen Eigenaktivität. Es handelt sich um eine aktive Bewegungsentwicklung, die durch reagieren auf Zuwendung, Lageveränderungen und sensorische Stimuli sowie aufgrund einer zentral gesteuerten Neugierde bei einem Säugling heranreift. Die vielfältigen Sinneserfahrungen motivieren das junge Kind, sich immer weiter vom Boden hoch zu stützen, um so mehr von seiner Umwelt mitzubekommen und um Kontakt aufzunehmen (Bein-Wierzbinski 2005, 2009).

Gleichzeitig bewirkt der neuromotorische Aufrichtungsprozess die Funktionserweiterung sämtlicher Gelenke und umgebener Muskulatur. Es ist ein Prozess, bei dem in Verbindung mit dem Wachstum die Gelenkknochen so zueinander gestellt werden und sich unter Druckbelastung so formieren (z. B. Ausbildung der Hüftgelenkpfanne), dass die Bewegungsvielfalt nach und nach vergrößert wird. Deutlich zu sehen sind die Fortschritte bezüglich einer Funktionserweiterung im Bereich der Schultergelenke in Verbindung mit der Stellung und der Bewegungserweiterung der Arme und Hände, der Hüftgelenke in Verbindung mit den Beinen und Füßen sowie der Wirbelsäule in Verbindung mit der Zunahme an Stabilität und der Funktionserweiterung bezüglich möglich werdender Rotationsbewegungen. Bei idealer Reifung wird die Muskulatur zum Stützen der Wirbelsäule voll entwickelt. Es kommt zu einem Zusammenspiel zwischen bauchseits (ventraler) und rückseits (dorsaler) gelegener Muskulatur, sodass die einzelnen Wirbelkörper frei gegeneinander bewegt werden können (Vojta und Peters 1997). Durch die Entfaltung der Muskulatur, die an der Wirbelsäule ansetzt, wird die Wirbelsäule gestreckt. Nach und nach bilden sich aus der ursprünglich leicht C-förmigen fetalen Wirbelsäule Wirbelsäulenkrümmungen aus, die anfänglich als Folge von Aufrichtungsprozessen und später durch das aufrechte Sitzen im Langsitz (s. Abb. 1), Stehen und Gehen mit einhergehender Belastung entstehen. Die Halslordose, eine nach vorn leicht konvexe Biegung der Halswirbelsäule, zeigt sich beispielsweise schon in der späten Fetalzeit und wird durch das Anheben des Kopfes aus der Bauchlage heraus beim Hochstützen und später mit knapp einem Lebensjahr auch im Langsitz verstärkt. Im Anschluss daran bildet sich die Brustwirbelsäulenkyphose aus, eine leicht nach hinten konvexe Biegung im Bereich der Brustwirbelsäule. Mit dem stabilen Sitzen und dem aufrechten Gehen formt sich dann auch die Lendenlordose, eine leicht nach vorn konvexe Biegung im Bereich der Lendenwirbelsäule. Ohne derartige Wirbelsäulenkrümmungen und ohne Funktionserweiterung der Gelenke und der umgebenden Muskulatur ist die vollständige Aufrichtung des gesamten Körpers nicht möglich bzw. bleibt unvollständig – mit der Folge, dass betroffene Kinder Bewegungseinschränkungen und Haltungsdefizite aufweisen, die sie immer wieder an ihre körperlichen Grenzen stoßen lassen.

3.3 Meilensteine der frühkindlichen Entwicklung

Das Erreichen bestimmter Haltungen sowie spezifischer Bewegungsabläufe als sog. Meilensteine der neuromotorischen Reifung (Zukunft-Huber 2008) sind von besonderer Bedeutung für die weitere Entwicklung des Kindes (Abb. 1).

Meilensteine in der frühkindlichen Bewegungsentwicklung

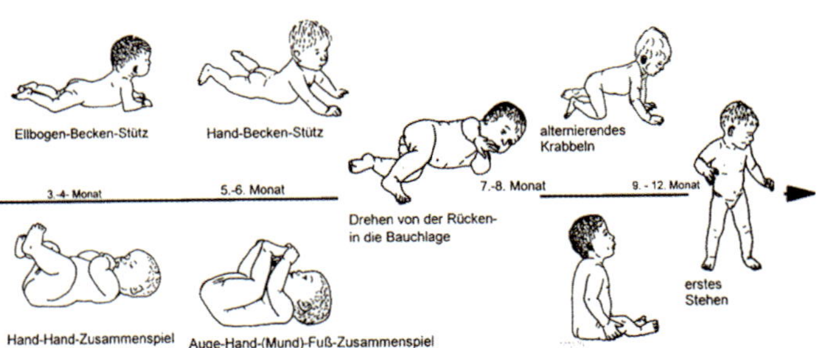

Abb. 1: Übersicht über die Meilensteine während des neuromotorischen Aufrichtungsprozesses im ersten Lebensjahr (Bein-Wierzbinski 2005)

Die vollständige Aufrichtung mit all den kleinen Einzelschritten vom flachen Liegen aus der Bauchlage heraus über den Ellbogen-Becken-Stütz, den Hand-Beckenstütz und parallel aus der Rückenlage heraus mit dem Hand-Hand-Zusammenspiel und dem Auge-Hand-Mund-Zusammenspiel über das koordinierte Drehen, dem anschließenden Krabbeln und schließlich dem Sitzen mit geradem und gekräftigten Rücken (Langsitz) bis zum bipedalen Stand stellt die Grundlage dar für ein gut aufeinander abgestimmtes System der Sinneswahrnehmung, das unter anderem die Motorik und die Kognition betrifft. Die neuromotorische Aufrichtung ist die „Entwicklungsneurologie der Motorik" (Vojta 1988). Motorik und Kognition beziehungsweise Neurologie sind untrennbar miteinander verbunden.

3.3.1 Die Bedeutung des Ellbogen-Becken-Stützes für die weitere Entwicklung

Am Beispiel des Ellbogen-Becken-Stützes, dem ersten Meilenstein in Bauchlage, soll die unterschiedliche „Qualität" der Bewegungsentwicklung bei physiologischem Verlauf und bei abweichendem Verlauf mit Ausbilden von Ersatzmotorikmustern verdeutlicht werden. Mit diesen grundsätzlichen Erläuterungen physiologischer Reifung und möglicher Abweichungen in der frühkindlichen Entwicklung eröffnen sich neue Betrachtungsweisen bezüglich alltäglicher Lern- und Verhaltensauffälligkeiten.

Ein Säugling, der den Ellbogen-Becken-Stütz einnehmen kann, hat es geschafft, sich aus der flachen Bauchlage gegen die Schwerkraft hoch zu stützen. Beginnend mit dem Anheben des schweren Kopfes, der in Bauchlage mit dem Gesicht mal zu der einen und mal zu der anderen Seite abgelegt wird, werden nach und nach die Muskeln im oberen Rumpfbereich und im Hals-Nackenbereich trainiert, sodass es nach ungefähr dreimonatigem Training zum sicheren Halten des Kopfes in Mittelstellung kommt (Bein-Wierzbinski 2009). Hierbei ist der Kopf frei zu den Seiten und nach oben und unten beweglich. Die Hals- und die Nackenmusku-

Abweichungen mit großen Folgen...

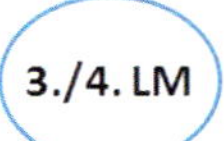

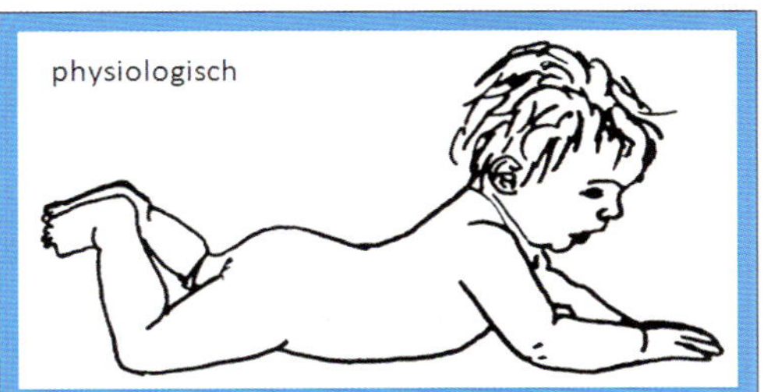

Ellbogen-Becken-Stütz:
- Kopf ist frei beweglich
- Blick kann zu den Seiten und nach oben und unten gerichtet werden
- Stützdreieck: Ellbogen und Symphyse
- Extension der WS

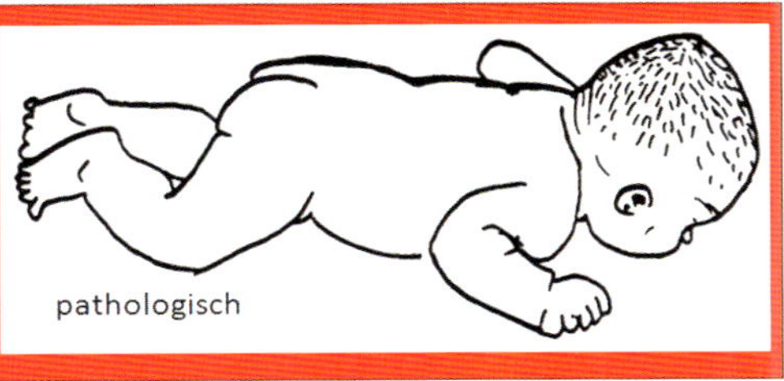

- Kopf in Reklination
- Keine Bewegungsvielfalt
- Mini-Buckel
- Stützfläche im Sternumbereich
- Blick ist nur nach unten gerichtet,

⇒ keine Raumerfahrung
⇒ keine Blickfelderweiterung
⇒ kein Training für Blickwendungen

Abb. 2: Der Ellbogen-Becken-Stütz (oberes Bild) und mögliche Abweichungen (unteres Bild) bei einem drei bis vier Monate altem Kind (Bein-Wierzbinski 2007b)

latur ist so aufeinander abgestimmt, dass der Kopf weder nach hinten überstreckt gehalten wird (Reklination) noch nach vorne oder zu einer Seite abkippt.

Der Blick kann in alle Richtungen gewendet werden und so die Umgebung ohne Einschränkungen visuell und auditiv wahrgenommen werden. Auch die ventrale und dorsale Rumpfmuskulatur hat an Stärke gewonnen, sodass die Wirbelsäule gestreckt (Extension der WS) und der Brustkorb aufgespannt wird. Hierbei ist es wichtig, dass die Arme mit den Ellbogen vor der Schultergürtellinie positioniert werden. Die Ellbogen werden zum Hochstützen eingesetzt, und die Muskeln im Schultergürtelbereich werden dabei gestärkt. Unter den entstehenden Druckverhältnissen beginnen sich die Gelenkpfannen der Schultergelenke auszubilden, sodass die zuvor doch recht eingeschränkte Beweglichkeit der Arme immer mehr an Bewegungsmöglichkeiten gewinnt. Ein Neugeborenes kann z. B. seine Arme noch nicht nach oben über die Schultergürtelebene strecken. Ein heranwachsender Säugling, welcher den Ellbogen-Beckenstütz und später dann auch den Hand-Beckenstütz (s. Abb. 1) einnehmen kann, „öffnet" die Schultergelenke, wodurch nach und nach auch die überkopf gerichteten Armbewegungen möglich werden. Dieser Prozess wird auch als Schulteraufrichtung bezeichnet. Neben der Beweglichkeit der Arme sind auch deren Haltung und die Beweglichkeit der Finger von den Schultergelenken abhängig. Aufgrund ihrer vielfältigen Funktion und Wichtigkeit werden die Schultergelenke als sog. Schlüsselgelenke bezeichnet. Sobald die Schultergelenke gekräftigt und weit genug geöffnet sind, sodass die Arme nach vorn oben genommen werden können, wird die zuvor leicht nach innenverdrehte Armhaltung mit einwärts gerichteter Hand- bzw. Fausthaltung (in Pronation) abgelöst von der nach außenrotierten Armhaltung und der supinierten, nach außen zu öffnenden lockeren Handhaltung. Dieser Prozess ist besonders wichtig für die Feinmotorik des Kindes und später auch Voraussetzung für eine gute Graphomotorik.

Gleichzeitig wird beim Einnehmen des Ellbogen-Beckenstützes das Becken im Bereich der Schambeinfuge stärker auf die Unterlage gedrückt und die zuvor stark gebeugten Hüften werden nach und nach gestreckt und die Hüftmuskulatur gekräftigt. Das Becken beginnt, sich aufzurichten. Die Hüften sind bei diesem Prozess ebenfalls sog. Schlüsselgelenke, da von ihnen die Stellung und Beweglichkeit der Beine und der Füße abhängig sind. Erst durch den Druck auf das Becken, auf die Hüften und auf das im Hüftgelenk außenrotierte und abgespreizte Bein beginnen sich die Hüftgelenkpfannen auszubilden. Mit dieser Beinstellung, bei der die Knie nach außen zeigen und die Beine gespreizt werden (außenrotiert und abduziert) werden auch die Muskeln im Bereich der Sprunggelenke und Füße so gekräftigt, dass sie in eine physiologische Stellung gebracht und die Quer- und Längsgewölbe der Füße gebildet werden.

Während dieser Bewegungs- und Haltungsentwicklung macht der Säugling auch mannigfache sensorische Erfahrungen: Das Gleichgewichtssystem registriert die Lageveränderungen des Kopfes, die Propriozeptoren (Spindelapparate) die unterschiedlichen Drücke und Züge auf einzelne Gelenke, Sehnen und Muskeln und die Interozeptoren die Druckverhältnisse auf die inneren Organe (Wierzbinski 2009). All diese sensorischen Erfahrungen werden immer wieder gemacht, sodass das Gehirn lernen kann, wie es sich anfühlt und wie es die Muskeln steuern muss, um den Stütz einnehmen zu können ohne dabei das Gleichgewicht zu verlieren. Gleichzeitig werden die Stellung der Augen und das Sehvermögen trainiert, sich auf die immer wiederkehrenden visuellen Eindrücke einzustellen. Auch die Anpassung der Hörwahrnehmung, ob Geräusche von der einen oder von der anderen Seite kommen, reift heran. So findet schon in dieser frühen Phase der Grundstein für ein gut aufeinander abgestimmtes sensorisches System zwischen Blickeinstellung und passender Körpermotorik und der Hörwahrnehmung statt. Es resultiert eine sensorische Integration auf höchstem Niveau, obwohl oder gerade weil das Kind sich in einer stabilen, eigens eingenommenen, physiologischen Haltung befindet (Bein-Wierzbinski 2008, 2009).

3.3.2 Mögliche Folgen bei geringen Abweichungen vom neuromotorischen Aufrichtungsprozess

Schon kleine Abweichungen vom optimalen Aufrichtungsprozess machen sich in der nachfolgenden Entwicklung der betroffenen Kinder bemerkbar. Gerade bei medizinisch gesunden Kindern werden Abweichungen, die zum Beispiel durch das Verweigern der Bauchlage, durch Kopfgelenksdysfunktionen oder durch zu geringe Eigenmotivation und durch mangelndes Training entstehen, häufig nicht als behandlungs- oder förderbedürftig angesehen, da Spätfolgen, die bis in das Grundschulalter reichen können, nicht ausreichend bekannt sind. Nicht selten gerät das betroffene Kind aufgrund der fehlgesteuerten motorischen Entwicklung in eine sog. Sackgasse, aus der die Weiterentwicklung nicht geradlinig weitergehen kann, sondern pausiert und dann an anderer Stelle wieder aufgenommen werden muss. Die abweichenden Entwicklungsmuster erlauben dem Kind zwar, sich dennoch weiter hoch zu entwickeln und schließlich auch in das freie Gehen zu kommen, jedoch findet hierbei die Qualität der Bewegungsentwicklung zu wenig Beachtung. Diese „Um-“ beziehungsweise „Extrawege“ führen zu bleibenden „Lücken“ im neuromotorischen und sensorischen Fundament, die später in der Auseinandersetzung mit alltäglichen und schulischen Aufgaben immer besondere Aufmerksamkeit verlangen und einen ständigen Mehraufwand bedeuten können – für das betroffene Kind und auch für dessen Eltern und Pädagogen (Wierzbinski 2007a).

Am Beispiel des Ellbogen-Beckenstützes mit den vielfältigen Reifeschritten soll verdeutlich werden, dass ein Ausbleiben dieser Trainingsphase nicht ohne Folgen bleiben kann.

Kann ein Kind den Ellbogen-Beckenstütz nicht einnehmen, dann entwickelt es Strategien, mit den Unannehmlichkeiten zurechtzukommen. Es nutz andere Wege und Bewegungsmuster, so genannte Ersatzmotorikmuster. Ein häufig eingenommenes Haltungsmuster, welches anstelle des Ellbogen-Beckenstützes ersatzweise „trainiert“ wird, ist in Abb. 2 dargestellt. Hierbei gelingt es dem Kind nicht, seine Ellbogen vor die Schultergürtellinie zu bringen. Ursächlich für die sehr verspannt wirkende Haltung, in der das Kind dann auch nicht belassen werden sollte, sind häufig schmerzhafte Muskelverspannungen im cerviko-okzipitalen Bereich um das Kopfgelenk herum, die sich dann aber auch bis in den Schultergürtelbereich fortsetzen können (Biedermann 2006, Coenen 1996, Coenen 2009, Sacher 2004). Beim Versuch hochzukommen, zieht es dann lediglich seinen Kopf nach hinten und rekliniert. Hierbei kommt es zu Stauchungen im Nackenbereich, die sich negativ auf die propriozeptive Wahrnehmung auswirken können, da der Nackenbereich die größte Dichte an Propriozeptoren im Körper aufweist (Christ 1993). Ein Abgleichen zwischen den hereinströmenden Sinnesreizen bezüglich der Stellung des Körpers im Raum (Propriozeption) und den vestibulären Reizen findet nicht statt. Aber auch die afferenten Sinnesreize aus der Haut, den Augen und den Ohren werden nun in der verspannten und abweichenden Ersatzmotorikhaltung nicht mehr sinnvoll mit den lagebedingten Sinneserfahrungen aufeinander abgestimmt. Das Kind erfährt nicht die innere Sicherheit und das Wohlgefühl, welche sich normalerweise beim Einnehmen des Ellbogen-Becken-Stützes einstellen, sondern lediglich Verspannungen, Unwohlsein und Ungereimtheiten in der Wahrnehmung.

Gleichzeitig ist das Stützdreieck, welches normalerweise zwischen den Ellbogen und dem Schambein gebildet wird, nun nur auf den Bereich um das Brustbein herum beschränkt, was wiederum zu Störungen beim Einatmen führen kann, da die Druckbelastung zu Stauchungen im Bereich des Zwerchfells führt.

Die verspannte Haltung kann sich auch im Training der Blickmotorik widerspiegeln: Die geringe Bewegungsvielfalt führt dazu, dass der Blick entweder nur nach unten gerichtet wird und später nur in die Ferne, wenn der Säugling versucht, dennoch weiter hochzukommen und den Kopf dann weiter nach hinten zieht, ihn in Reklination hält. Es folgt nur eine eingeschränkte Blickfelderweiterung und auch nur ein reduziertes Training für Blickwendungen in vertikaler und horizontaler Ausrichtung mit der Folge, dass Blickfolgebewegungen nicht fließend, sondern sakkadiert durchgeführt werden (Bein-Wierzbinski, Scheunemann, Sepke 2008).

Ebenfalls zeigen Kinder, die in ihrer Säuglingszeit die Kopfstellung vorwiegend in Reklination trainiert haben, später Schwierigkeiten beim „Scharfstellen“ (Konvergenz und Akkomodation) der Augen auf Gegenstände in der Nähe, da insbesondere die Ferne trainiert wurde. Sie können zwar auch im Nahbereich ein klares Bild erzeugen, aber sie brauchen hierfür Zeit und es strengt sie stark an. Ein schneller Wechsel der Augeneinstellungen beim Abschreiben von der Tafel in das eigene Heft zum Beispiel, ist für diese Kinder mit Schwierigkeiten verbunden. Auch finden sie die Zeilen und die abzuschreibenden Wörter oder Zahlen häufig nicht spontan wieder, da die Nackenrezeptoren (Propriozeptoren), welche die Informationen über die Kopfstellungen geben, durch die reklinierte Kopfhaltung nicht mit den sensorischen Informationen aus dem Gleichgewichtsorgan und den Augen sinnvoll abgeglichen werden. Diese resultierenden sensorischen Integrationsstörungen lassen sich jedoch kompensieren und verringern, indem nachträglich an der Nackenaufrichtung der betroffenen Kinder gearbeitet wird (s. Teil II: Spielanregungen). Die ventralen und dorsalen Muskelgruppen im Bereich des Halses müssen so aufeinander abgestimmt sein, dass der Kopf weder in einer nach hinten, noch nach vorne oder zu den Seiten gekippten Grundstellung gehalten wird und auch ohne Einschränkungen nach oben und unten bewegt und zu den Seiten gedreht werden kann.

Das Nicht-Erreichen des Ellbogen-Becken-Stützes zieht auch Folgen bezüglich der Funktionserweiterung der Gelenke nach sich. Insbesondere bei den Schlüsselgelenken Schulter und Hüfte sowie bei der Wirbelsäule, die dann keine ausreichende Stabilität gewinnt, um die physiologischen Krümmungen zu entwickeln. Ohne Druckverlagerung auf den Unterbauch- und Schambeinbereich werden auch die von der Becken- bzw. Hüftstellung abhängigen Beine nicht weiter gespreizt und im Hüftgelenk stärker außenrotiert. Neben einer daraus resultierenden leicht innenrotierten Beinstellung, die später zu einem unrunden Gangbild führen kann, wird auch die Muskulatur im Fußbereich zu wenig gestärkt und die Quer- und Längsgewölbe werden nicht ausreichend gebildet, sodass zusätzlich auch recht flache Füße mit instabilen Sprunggelenken, sog. Knick-Senk-Füße, die Folge sein können.

Auch an der Armstellung und der Reifung der Handmotorik lassen sich später Kinder erkennen, die als Säugling nicht den Ellbogen-Beckenstütz und später den Hand-Beckenstütz eingenommen haben: Die zu geringe Druckbelastung der Schultergelenke in der Säuglingszeit führt zu einer reduzierten Stärkung der Schultermuskulatur und auch zu einer unreifen Öffnung der Schultergelenke mit reduziertem Ausbilden der Gelenkpfannen und einer leicht innenrotierten Stellung der Arme sowie einer bevorzugten pronierten Handstellung. Dies ist für die späteren graphomotorischen Fertigkeiten von großer Bedeutung. Aufgrund der pronierten Handhaltung kann das Kind nicht den Dreipunktgriff erlernen, sondern wird weiter bevorzugt mit Fausthaltung und nicht abgelegtem Arm beim Führen eines Stiftes arbeiten. Die entwicklungsneurologischen Voraussetzungen, einen Stift mit Dreipunktgriff zu halten, sind nicht gegeben. Erst durch eine muskuläre Stärkung des Nacken-, Schulter- und Armbereiches, indem das Kind z. B. nachholend den Ellbogen-Beckenstütz trainiert, kommt das Kind zu einer entspannten Stifthaltung mit Dreipunktgriff. Herkömmliche Schwungübungen mit einem Stift sind weit weniger effektiv (Bein-Wierzbinski 2005).

3.3.3 Überblick über bleibende neuromotorische Aufrichtungsdefizite bei Grundschulkindern

Zusammenfassend werden hier noch einmal die häufigsten körperlichen Reifedefizite dargestellt, die heutzutage vermehrt bei eigentlich gesunden Kindern in Form von fortbestehenden Aufrichtungsdefiziten und abweichenden Entwicklungsverläufen zu beobachten sind und zu funktionellen Entwicklungsdefiziten führen können:

Ein fehlendes Zusammenspiel zwischen der ventralen und dorsalen Hals-/ Nackenmuskulatur und der einhergehenden Verspannungen im **cerviko-okzipitalen Übergang** können zu folgenden Auffälligkeiten bei heranwachsenden Kindern führen:

- Reklinierte Kopfhaltung bei Anstrengungen z. B. im Sportunterricht, aber auch Schwierigkeiten beim Halten des Kopfes beim Arbeiten am Tisch; der Kopf muss häufig abgestützt werden, indem das Kinn auf eine Hand gelagert oder auf die Tischplatte gelegt wird.
- Der gestauchte Nackenbereich führt zu sensorischen Integrationsstörungen, die sich in der Körperhaltung, der Augenbewegung (Konvergenz, Divergenz und Blickfolgebewegungen), der Visuseinstellung (Akkomodation) sowie in der dreidimensionalen visuellen und auditiven Wahrnehmung defizitär widerspiegeln und zu schneller Erschöpfbarkeit führen können.
- Es resultieren Schwierigkeiten im Raum-Lage-Vermögen, in der Orientierung im Raum und auf dem Arbeitszettel sowie in der Formkonstanz.
- Die Körpereigenwahrnehmung kann gestört sein.
- Die zu geringe Stärkung der ventralen Halsmuskulatur im Verhältnis zu der stark trainierten Nackenmuskulatur kann auch zu Auffälligkeiten im orofazialen Bereich führen, die sich z. B. durch fehlenden Mundschluss oder durch undeutliche Aussprache bemerkbar machen.

Eine zu geringe oder nicht im richtigen Winkel auftretende Druckbelastung der **Schultergelenke** in Bauchlage z. B. durch retrahierte, nach hinten gezogene Schultern und Arme während des Aufrichtungsprozesses, kann anhand folgender Auffälligkeiten bei heranwachsenden Kindern zu beobachten sein:

- Im Stehen sind häufig hängende Schultern mit herausstehenden Schulterblättern sowie auch ein Schulterschiefstand zu beobachten. Die Arme sind meist leicht innenrotiert und die Handrücken zeigen nach vorne.
- Im Sportunterricht kann nur wenig Kraft mit dem Schultergürtel, den Armen und den Händen entwickelt werden.
- Beim Führen eines Stiftes wird der Arm und die Hand nicht auf der Tischplatte mitgeführt; anstelle des Dreipunktgriffes wird der Faustgriff verwendet.; graphomotorische Auffälligkeiten und verspannte Schreibhaltungen mit schneller Erschöpfbarkeit sind die Folge.

Eine zu geringe Aufrichtung des Beckengürtels sowie der **Hüftgelenke** durch mangelnde Schwerpunktverlagerung auf den Unterbauch und auf die Schambeinfuge während der Säuglingszeit können bei heranwachsenden Kindern an folgenden Auffälligkeiten zu beobachten sein:

- Im Stehen werden die Beine zu wenig außenrotiert, sodass sie eher wie X-Beine aussehen, die Füße zu flach sind und mit zu geringem Spannungsaufbau unter dem Körpergewicht zu Knick-Senk-Füßen werden. Wahlweise sieht man auch häufig das Bild der Zehenspitzengänger. Sie versuchen mangelnden Tonus auszugleichen, indem sie sich von Kopf bis Fuß durchspannen.
- Die zu geringe Druckbelastung auf den Unterbauch kann auch dazu führen, dass die Muskulatur nicht ausreichend gestärkt wird und das Kind in ein Hohlkreuz fällt. Dabei kippt das Becken nach vorne und der Unterbauch wölbt sich wie ein Babybauch hervor.
- Alternierende Ausgleichsbewegungen beim Laufen können aufgrund der zu gering ausgebildeten diagonal verlaufenden Muskelzüge, die über den Rumpf gespannt sind, wenig genutzt werden; eine schlechte Koordination ist die Folge.
- Besonders deutlich wird die unreife Hüft-, Bein- und Fußentwicklung in der Hocke: Anstelle von abgespreizten Beinen mit nach außen zeigenden Knien, stoßen die Knie zusammen und die Füße werden im Innenbereich belastet.
- Beim Sitzen kann die Druckbelastung nicht auf die Sitzhöcker des Beckens verlagert werden, sodass es keine wirklich bequeme Sitzhaltung gibt. Häufig wird das Becken stark nach hinten gekippt und die Lendenwirbelsäule nach außen gedrückt, wodurch das Kind dann mit rundem, kyphosiertem Rücken auf dem Stuhl „hängt". Beim Sitzen auf dem Boden kann das betroffene Kind nicht, ohne sich mit den Armen nach hinten abzustützen, sitzen.

4 Inhalte und Aufbau der Spielanregungen für den Sportunterricht und für den Klassenraum zum Fördern von Grundschulkindern mit funktionellen Entwicklungsdefiziten

Eine sinnvolle und gezielte Förderung von Vor- und Grundschulkindern mit den hier aufgeführten Auffälligkeiten, die im Alltag durch einen nicht altersgemäßen Zuwachs von Fähigkeiten auf den Gebieten der Körperbeherrschung und Bewegung, der Wahrnehmungs- und Informationsverarbeitung, der Konzentrationsfähigkeit und der Sprache auffällig werden, sollen nun in den nachfolgenden Kapiteln beschrieben werden. Im ersten Teil werden Spielanregungen für den Sportunterricht beschrieben, die meist Platz benötigen und zum Teil auch mit kleinen Materialien, wie z. B. Springseil, oder vereinzelt auch an Geräten durchzuführen sind. Daran anschließend werden Spielanregungen aufgeführt, die auf einem Stuhl, am Tisch oder mit wenig Platz auskommen und sich daher gut für Zwischendurch während des Klassenraum-Unterrichts eignen und keinerlei Vorbereitung oder zusätzliche Materialien benötigen, die nicht schon im Klassenraum vorhanden wären, wie z. B. Stühle.

Im Gegensatz zu herkömmlichen Bewegungsspielen wird hier besonders auf die Haltung und auf bestimmte Bewegungsabläufe der Kinder geachtet, die in Verbindung mit neuromotorischen Aufrichtungsdefiziten zu sehen sind. Insbesondere die Streckung und Stabilisierung der Wirbelsäule in Verbindung mit Rotationsbewegungen, die Stellung des Beckens in Verbindung mit der Stellung der Beine und der Füße, sowie die Schulterkräftigung in Verbindung mit der Arm- und Handhaltung, und die Ausrichtung des Kopfes in Verbindung mit der Hals-/Nacken-Muskulatur werden mit den Spielanregungen trainiert, sodass die Weichen für eine nachträgliche Reifung gestellt werden. Entwicklungs- und reifebedingte Fehlstellungen der Gelenke und resultierende Koordinations- und Wahrnehmungsauffälligkeiten, wie sie bei Kindern mit funktionellen Entwicklungsdefiziten zu beobachten sind, können nach und nach mit dem Durchführen der Spielanregungen reduziert werden.

Gerade für diese Kinder sind viele herkömmliche Übungen im Sportunterricht zu schwer. Um sich dem Unterricht nicht zu verweigern, turnen die Kinder mit, so gut es ihnen möglich ist. Zwangsläufig kompensieren sie ihre neuromotorischen Schwächen dabei und „fallen“ auf oben beschriebene Ersatzmotorikmuster zurück. Fehlhaltungen bleiben bestehen und sie erreichen trotz großen Bemühens nur geringe Leistungsverbesserungen bezüglich Koordination, Kraft und Schnelligkeit.

Bei den hier aufgeführten Spielanregungen wurde stets darauf geachtet, dass es keine allzu schweren und umfassenden Bewegungsabläufe sind, die die Kinder turnen sollen. Erleichterung beim schrittweisen Aufbau von physiologischen Haltungen und Bewegungsabläufen wird ermöglicht durch die genaue Beschreibung der Ausgangsstellung, durch die Richtungsbeschreibung der Kraftlenkung und durch das Zusammenspiel bestimmter Muskelgruppen. Auf diese Art und Weise ist es auch schwachen Schülern möglich, nach und nach die Ersatzmotorikmuster zu minimieren und physiologische Haltungen und Bewegungsabläufe in ihre Motorik zu integrieren.

Bei jeder Spielanregung wird die Trainingswirkung vorangestellt, sodass das Auswählen bestimmter Trainingsziele leichter fällt.

Möchte man den Schwerpunkt auf die **Graphomotorik** richten, sind beispielsweise folgende Spielanregungen von Nutzen, da bei diesen Spielen verstärkt die **Schulteraufrichtung** trainiert wird, die durch Schulterstärkung in Verbindung mit der **Arm-** und **Handstellung bzw. -aufrichtung** zu erreichen ist:

- In der Sporthalle:
  - Schieb' den Zug!
  - Die Karawane zieht weiter
  - Baumstämme transportieren
  - Grabenspiel
  - Hubschrauberspiel
  - Spiel mit Bänken
  - Tauziehen mit Riesenschlange: gewöhnlich und überkopf
  - Ich hab' die ganze Nacht gefischt
  - Viele kleine Erbsen
  - Krokodil aus Afrika
  - Flugzeugreise
  - etc.

- Im Klassenraum:
  - Antennen ausfahren
  - Unwetter
  - Stampf – Stampf, Patsch – Patsch (2.Teil)
  - Armschaukel
  - Ruckel-Zuckel am Platz
  - Sitzende Giraffe macht Gymnastik
  - Handpatscher im Klassenraum
  - etc.

Möchte man Kinder fördern, die insbesondere Schwierigkeiten aufweisen beim (still) **Sitzen**, so sind Spielanregungen sinnvoll, deren Trainingswirkung auf die **Beckenaufrichtung** bzw. die physiologische Stellung des Beckens in Verbindung mit der abduzierten Beinstellung und **Fußaufrichtung** bzw. Fußstärkung abzielen. Auch Kinder, die Schwierigkeiten mit **Einnässen** und **Einkoten** haben, können mit diesen Spielanregungen gefördert werden, da sich die Beckenaufrichtung auch immer positiv auf die **Stärkung des Beckenbodens** sowie auf die sensomotorische Reifung dieses Bereiches auswirkt.

- In der Sporthalle:
  - Kanonenkugel
  - Platz erobern
  - Zauberspiel: Schlitten, Mann auf'm Klo, Lesen im Zug
  - Drück' den einen, gib' den anderen weiter!
  - Popcorn-Spiel
  - Möbel- oder Umzugspiel: ich mach' mich richtig schwer, Armstuhl
  - Wipp und Wapp
  - Stürmische Seefahrt: Rodeo
  - Tauziehen mit Riesenschlange: Tauziehen mit den Füßen im Sitzen
  - Ballwechsel für Fortgeschrittene
  - Die Karawane zieht weiter
  - etc.

- Im Klassenraum:
  - Stampf – Stampf, Patsch – Patsch (1.Teil)
  - Zusammen- und auseinanderfalten
  - Sitzende Giraffe macht Gymnastik
  - Querfeldein – Gedanklicher Ausflug über Feld und Wiesen
  - Abfahrtski
  - Johanna
  - An'ne Eck steiht'n Jung mit'n Tüdelband
  - etc.

Zur Förderung von Kindern, die Schwierigkeiten aufweisen in der **Koordination** ihres Körpers, die ursächlich auf eine unvollständige Streckung und **Stabilisierung der Wirbelsäule** in Verbindung mit **Rotationsbewegungen** zurückzuführen sind, können Spielanregungen hilfreich sein, deren Trainingswirkung auf folgenden Bereiche abzielt: Ganzkörperspannung, Beugung und Streckung, Rotation/ Rotationsanbahnung, Diagonalentraining, Koordination.

- In der Sporthalle:
  - Grabenspiel: ich zieh' dich mit einer Hand
  - Zauberspiel: Rotes Ampelmännchen...es wird grün!, Kirchturmspitze, Engel im Schnee, Kompass, etc.
  - Zauberspiel mit Tieren
  - Hubschrauberspiel
  - Popcorn-Spiel
  - Möbel- oder Umzugspiel: klapprige Kommode, Abräumen
  - Stürmische Seefahrt
  - Wettstreit mit Bällen
  - Oben auf dem Dach
  - Wir fahren, fahren, fahren...
  - Handpatscher in der Turnhalle
  - etc.

- Im Klassenraum:
  - Armschaukel
  - Ruckel-Zuckel am Platz
  - Zusammen- und auseinanderfalten
  - Sitzende Giraffe macht Gymnastik
  - Querfeldein – Gedanklicher Ausflug über Feld und Wiesen
  - Abfahrtski
  - Handpatscher im Klassenraum
  - Johanna
  - An'ne Eck steiht'n Jung mit'n Tüdelband
  - etc.

Möchte man Kinder fördern, die Schwierigkeiten aufweisen beim **Ausrichten und Halten des Kopfes**, so sind Spielanregungen sinnvoll, die die **Propriozeption** sowie die Stärkung der **Hals-/Nacken-Muskulatur** und das aufrechte Sitzen fördern. Schwierigkeiten weisen diese Kinder häufig auch im Halten des **Gleichgewicht**es, in der **Orientierung** auf dem Blatt und im Raum sowie in der **Blickmotorik** auf.

- In der Sporthalle:
  - Zauberspiel: Karussell, Kompass, etc.
  - Kronenspiel
  - Möbel- und Umzugspiel
  - Viele kleine Erbsen
  - Krokodil aus Afrika
  - Flugzeugreise
  - etc.

- Im Klassenraum:
  - Antennen ausfahren
  - Unwetter
  - Stampf – Stampf, Patsch – Patsch
  - Sitzende Giraffe macht Gymnastik
  - Handpatscher im Klassenraum
  - Querfeldein – Gedanklicher Ausflug über Feld und Wiesen
  - etc.

Viel Spaß beim Ausprobieren!

Im Buch verwendete Piktogramme:

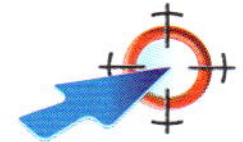 Trainingswirkung

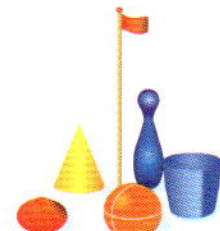 Material

1 Tobe- und Kraftspiele in der Turnhalle

1.1 Schieb' den Zug!

» ***Kraftspiel***

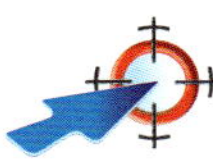

Ganzkörperspannung, Schulteraufrichtung, Handaufrichtung, Beckenaufrichtung, Koordination

Zwei etwa gleich große Kinder stehen sich spiegelbildlich gegenüber. Beide halten ihre Hände auf Brusthöhe, sodass sich ihre Handflächen berühren. Das eine Kind spielt den stehen gebliebenen Zug, das andere versucht, diesen durch die Halle zu schieben. Der Zug ist schwer und lässt sich nur schwer bewegen.

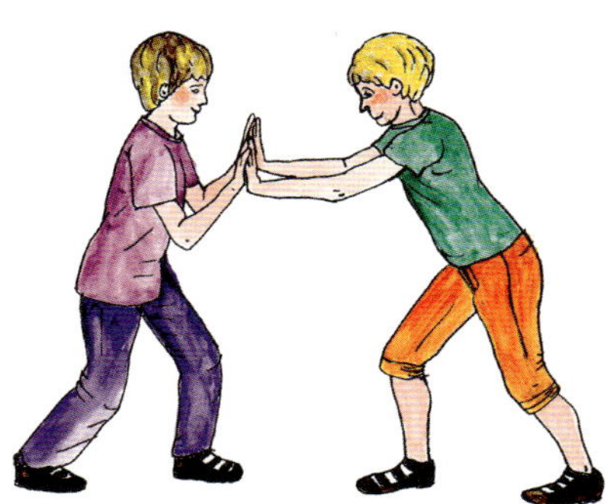

1.2 Kanonenkugel

» ***Kraftspiel***

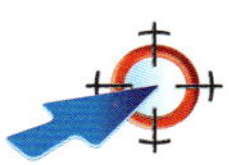

Unterbauchtraining, Beckenaufrichtung

Zwei Kinder tun sich jeweils zusammen.
Das eine Kind spielt die Kanone, das andere die Kugel. Als Kanone liegt das Kind mit dem Rücken auf dem Boden und hält die Füße so nach oben, dass die „Kugel“ darauf sitzen bzw. sich mit dem Gesäß daran anlehnen kann. Bei „drei“ stößt die „Kanone“ die „Kugel“ mit den Füßen von sich fort, sodass die „Kugel“ ein bis zwei Meter nach vorne wegspringt bzw. fliegt.

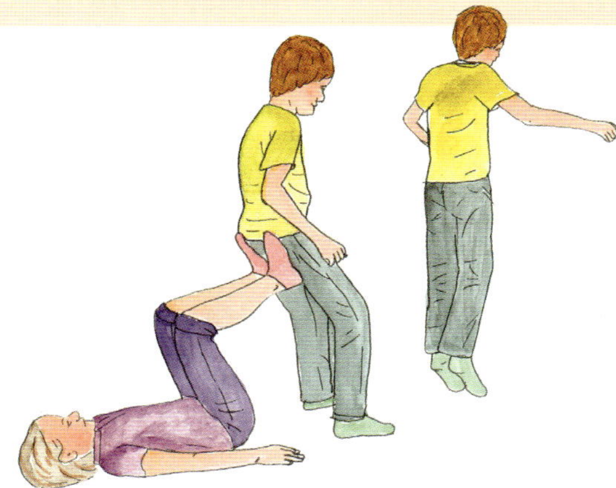

1.3 Die Karawane zieht weiter

» ***Kraftspiel***

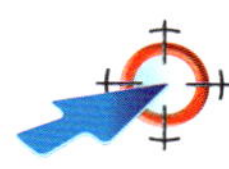

Unterbauchtraining, Beckenbodentraining, Beckenaufrichtung

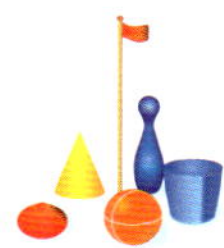

Parteiband und Springseil, evtl. Rutschhilfe wie Teppichfliese, Tuch

Zwei Kinder tun sich jeweils zusammen. Das eine Kind setzt sich auf den Boden und bekommt das Parteiband um die Füße geschlungen. Mit dem Springseil wird das Parteiband verlängert, damit das ziehende Kind seinen Rücken nicht zu rund machen muss. Das sitzende Kind wird nun mit den Füßen voran von dem anderen Kind durch die Halle gezogen. Hierzu evtl. als Rutschhilfe eine Teppichfliese oder ein Tuch verwenden. Dabei soll das zu ziehende Kind verschiedene Sitzhaltungen ausprobieren. Zuerst kann es sich noch mit den eigenen Händen am Parteiband festhalten. Wenn es sich aber im Gleichgewicht halten kann, darf es probieren, die Arme in die Luft zu strecken. Wichtig dabei ist, dass die Spannung in den Beinen beibehalten wird. Auch der Kopf soll stets nach vorne geneigt bleiben.

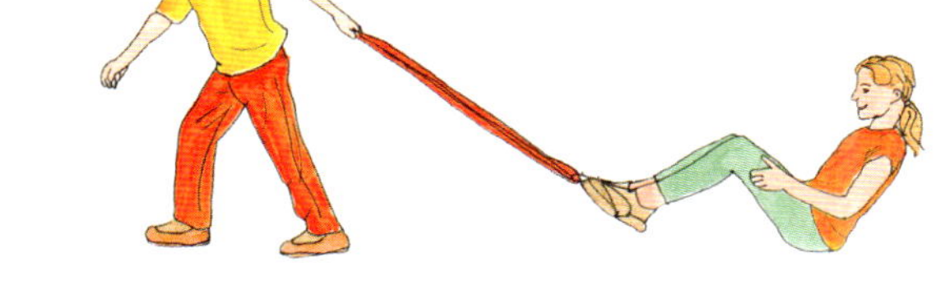

1.4 Baumstämme transportieren

» ***Kraftspiel***

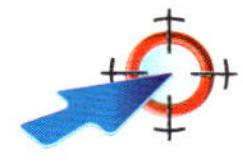

Schulteraufrichtung, Körperspannung

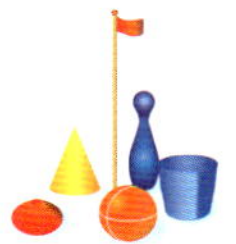

Zu dritt jeweils einen Stab, evtl. Rutschhilfe wie Teppichfliese oder Tuch

Es finden sich immer drei Kinder zusammen. Zwei Kinder spielen so, als wären sie Pferde, die einen schweren Baumstamm zu transportieren haben. Das dritte Kind legt sich auf den Boden und spannt seinen gesamten Körper an, als ob es ein Baumstamm wäre. In seinen Händen hält es einen Stab. Die beiden anderen Kinder versuchen nun, den „Baumstamm" zu bewegen und ziehen diesen mit Hilfe des Stabes durch die Halle.
Hierbei können sie selbst rückwärts oder auch vorwärts gehen, den Stab einmal auf Hüfthöhe halten oder auch mittels des Stabes den Baumstamm fast bis auf die eigenen Schultern heben.
Hierbei kann man Gruppen gegeneinander antreten lassen. Welche Gruppe hat seine Baumstämme am schnellsten auf die andere Hallenseite transportiert?

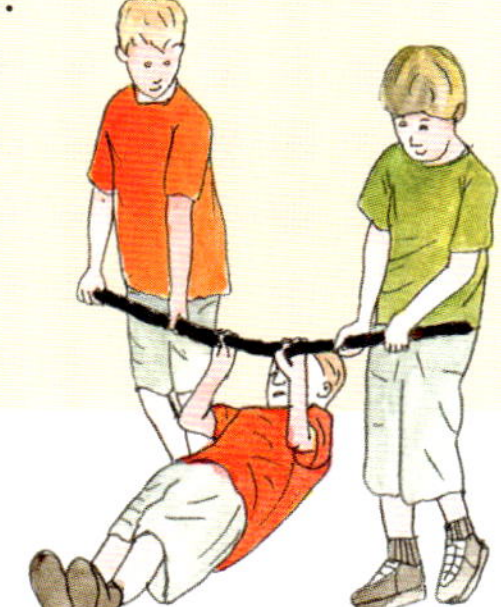

1.5 Grabenspiel

» *Kraftspiel*

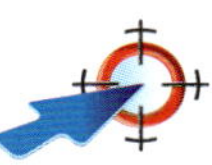

Schulteraufrichtung, Handaufrichtung, Körperspannung

Jeweils zwei Kinder stehen sich gegenüber und halten sich mit überkreuzten Armen an den Händen fest, wobei die Daumen stets nach oben gerichtet sein sollen. Die Linien der Turnhalle dienen uns als Gräben. Nun sollen die Kinder versuchen, sich gegenseitig durch Ziehen und Schieben über den Graben zu befördern.

Variante:

Zwei Kinder stehen sich gegenüber, zwischen ihnen verläuft eine Bodenlinie. Nun sollen sich die Kinder jeweils mit der rechten Hand wie beim Armdrücken anfassen. Sie haben die Aufgabe, sich gegenseitig über die Linie zu ziehen. Sobald das eine Kind die Bodenseite des anderen betritt, erfolgt jeweils ein Handwechsel.

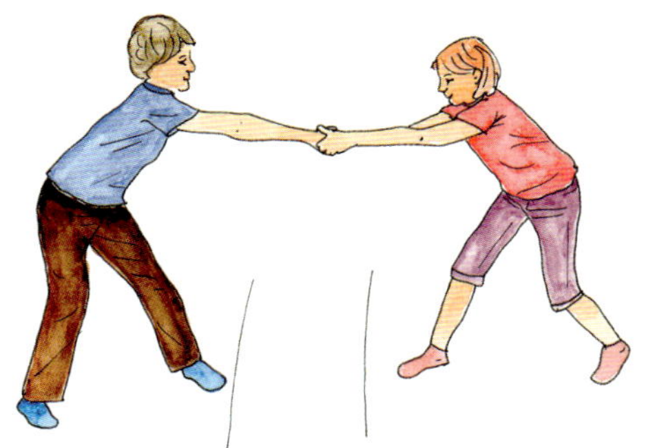

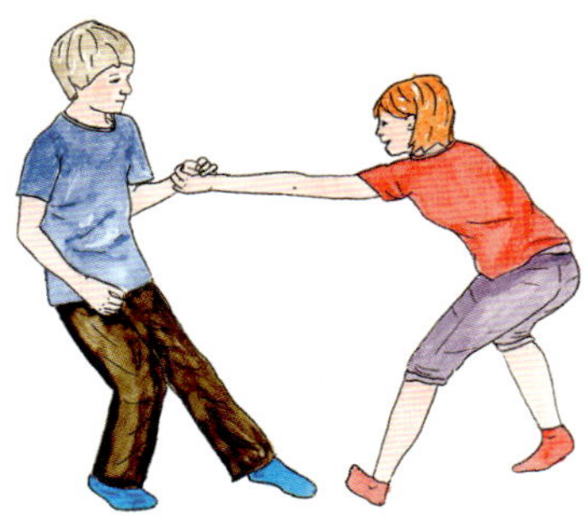

1.6 Platz erobern

» *Kraftspiel*

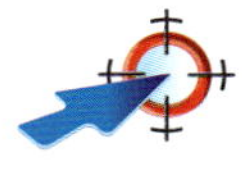

Körperspannung, Beckenaufrichtung, Beckenbodentraining

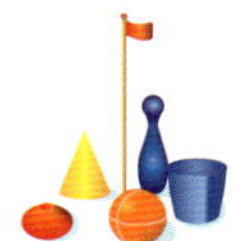

Turnmatten

Zwei Kinder setzen sich Rücken an Rücken auf eine Matte. Die Beine sind leicht grätscht angestellt, sodass die Knie nach außen zeigen. Die Hände berühren den Boden. Auf Kommando versuchen sie, den jeweils anderen von der Matte zu schieben.

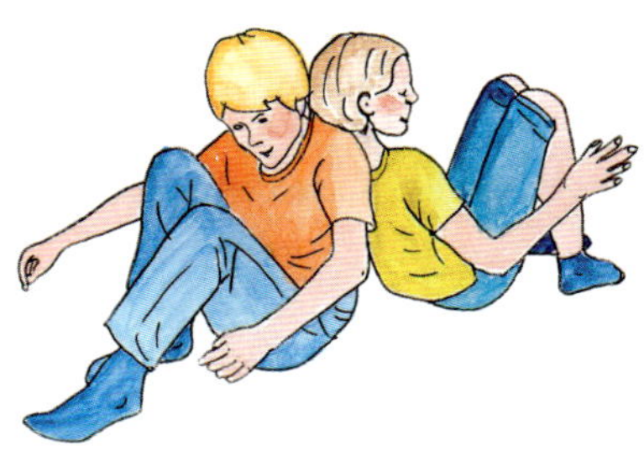

Stierkampf

» ***Kraftspiel***

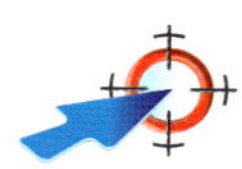

Schulteraufrichtung,
Rumpfspannungsaufbau

Zwei Kinder versuchen, sich aus der Vierfüßlerposition gegenseitig wegzuschieben, wobei sie zuerst jeweils mit ihren rechten Schultern gegeneinanderdrücken und danach mit den linken.

1.7 Zauberspiel

» ***Tobespiel***

Die Kinder laufen ungeordnet durch die Turnhalle. Die anleitende Person ruft in unterschiedlicher Reihenfolge mit den einleitenden Worten „*Hokus, Pokus Fidibus*" die verschiedenen Figuren auf, welche die Kinder dann auf der Stelle blitzschnell einnehmen oder ausführen sollen (wie bei dem alten Kinderspiel „Feuer, Wasser, Blitz"). Zuvor werden die einzelnen Figuren den Kindern gezeigt und mit ihnen ausprobiert.

Sprechgesang:
„Hokus, Pokus ‚Fidibus – ….!"

Schlitten/ Schubkarre (je nach Jahreszeit)

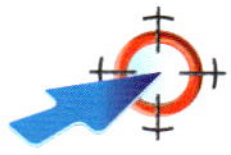

Beckenaufrichtung,
Beckenbodenstärkung,
Körperspannung erhöhen

Jeweils zwei Kinder finden sich immer zusammen. Das eine Kind legt sich mit dem Rücken auf den Boden und spielt den Schlitten bzw. die Schubkarre. Hierzu streckt es seine im Kniegelenk gebeugten Beine in die Luft und zieht die Füße an, sodass diese als Griffe fungieren können. Der Kopf soll nach vorne gebeugt werden. Die Arme positioniert es auf dem Oberkörper. Falls das Halten der Beine zu anstrengend sein sollte, kann das Kind auch seine Oberschenkel umgreifen. Wichtig dabei ist aber, dass die Knie weiterhin nach außen zeigen.
Das andere Kind hat nun die Aufgabe, den Schlitten bzw. die Schubkarre durch die Halle zu ziehen. Anschließend findet ein Rollentausch statt.

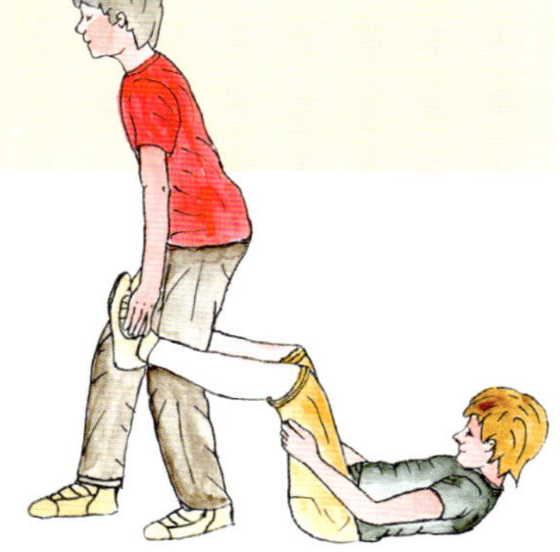

Karussell

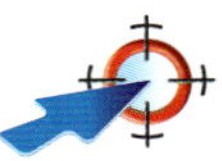

Gleichgewichtstraining

Die Kinder stellen sich mit zur Seite ausgestreckten Armen hin und machen ein Doppelkinn. Nun haben sie die Aufgabe, sich einmal um die eigene Achse zu drehen, kurz stehen zu bleiben und sich anschließend in die Gegenrichtung einmal um die eigene Achse zu drehen. Das Tempo bei den Drehungen kann jeweils variiert werden.
Je langsamer die Drehung ist, desto mehr muss das Gehirn die vestibulären Informationen verarbeiten.

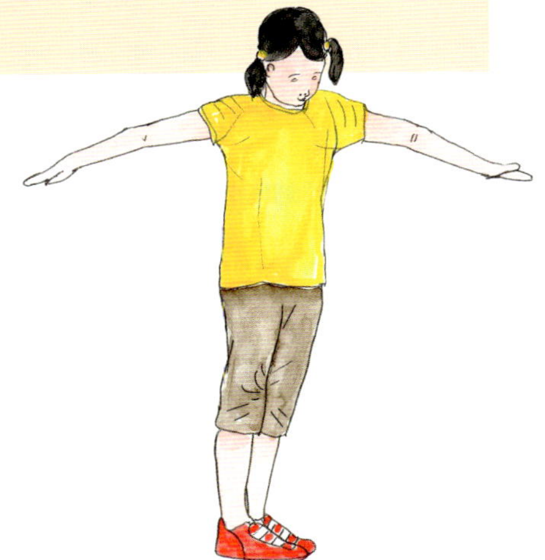

Rotes Ampelmännchen ... es wird grün!

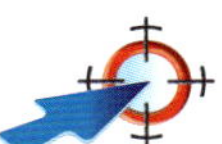

Rotationsanbahnung

Die Kinder legen sich mit dem Rücken auf den Boden und strecken die Beine und Arm von sich, als ob sie ein rotes Ampelmännchen wären. Bei „... *es wird grün!*" drehen sie sich blitzschnell zur Seite um und nehmen die Haltung eines grünen Ampelmännchens ein: Hierbei bleibt das unten liegende Bein gestreckt und das oben liegende wird gebeugt. Auch der unten liegende Arm wird gebeugt und der oben liegende wird nach hinten ausgestreckt und möglichst weit auf dem Boden gelassen.

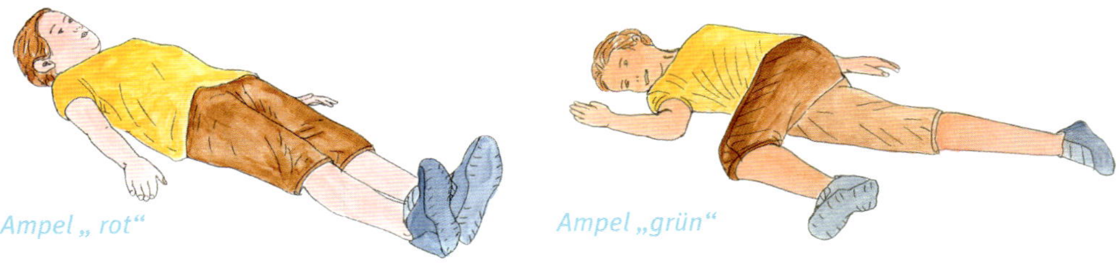

Ampel „ rot" *Ampel „grün"*

Kirchturmspitze

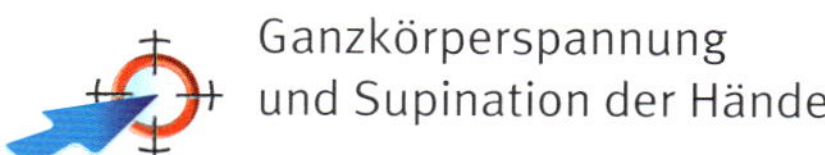

Ganzkörperspannung
und Supination der Hände

Die Kinder bleiben schnell stehen und strecken ihre Arme in die Höhe. Mit ihren Händen deuten sie eine Kirchturmspitze an.

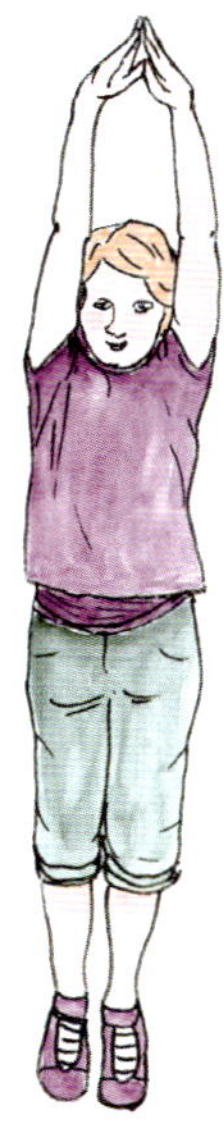

Engel im Schnee / Liegender Hampelmann

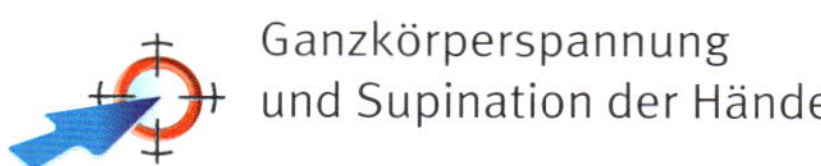

Ganzkörperspannung
und Supination der Hände

Die Kinder legen sich in Rückenlage auf den Boden und bewegen Ihre Arme und Beine wie ein Hampelmann hin und her.

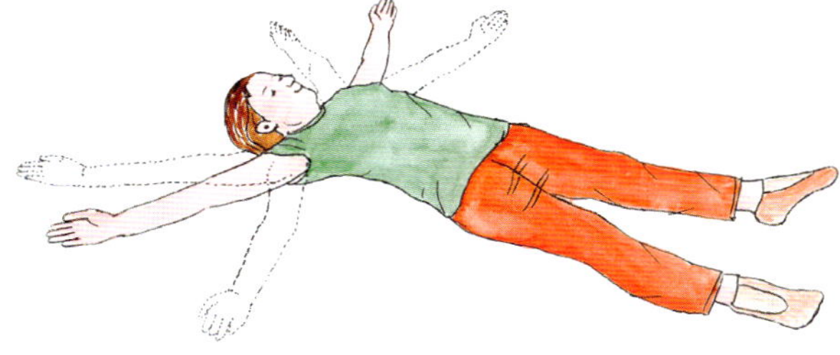

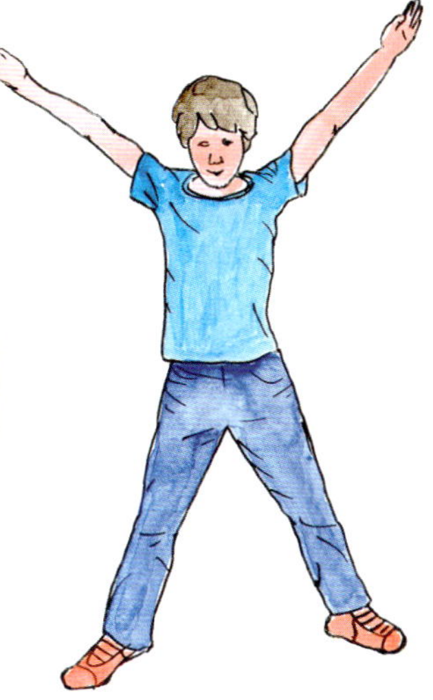

Stern im Stehen

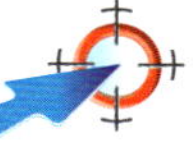

Ganzkörperspannung
und Supination der Hände

Die Kinder stellen sich hin und strecken dabei die Hände gespreizt in die Höhe. Die Handinnenflächen zeigen nach vorne.

Mann auf'm Klo

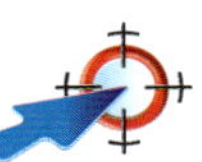

Abduktion, Außenrotation in der Hüfte, Beckenbodentraining, Nackenstreckung und Schulteraufrichtung

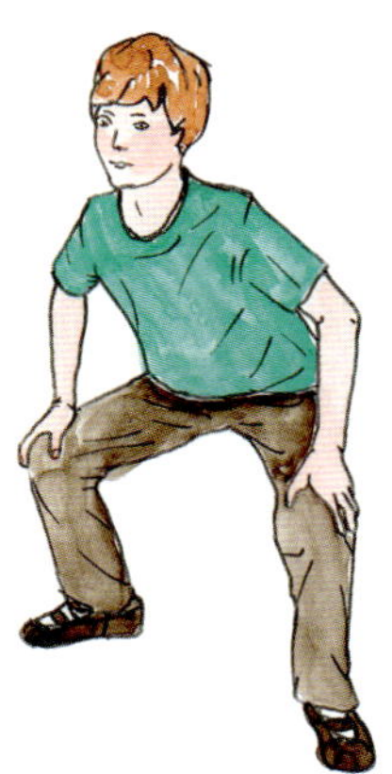

Die Kinder bleiben stehen und nehmen eine hohe Hockhaltung ein, als ob sie auf einer Toilette sitzen würden. Wer es schafft, kann dazu noch seine Arme gebeugt nach vorne halten, als ob man dabei in einer Zeitung lesen würde.

Lesen im Zug

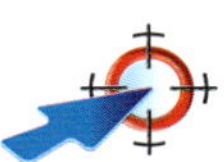

Abduktion, Außenrotation in der Hüfte, Nacken und Schulteraufrichtung und Handaufrichtung

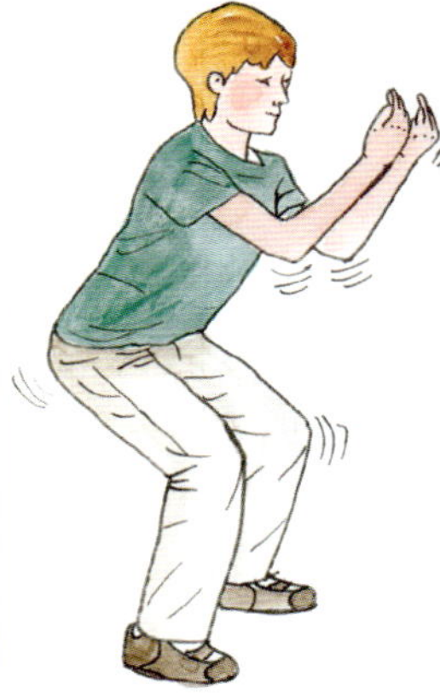

Die Kinder bleiben stehen und nehmen eine Hockhaltung ein. Dabei wackeln sie ständig leicht auf und ab und neigen ihren Oberkörper zwischendurch einmal nach rechts und nach links, als ob sie mit dem Zug durch eine kurvenreiche Gegend fahren würden. Dazu sollen sie noch so tun, als ob sie in einem Buch lesen würden. Hierzu sollen sie in ihren Handinnenflächen lesen.

Halt' die Mauer

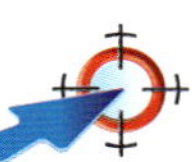

Beckenschrägstellung mit Beckenaufrichtung, Schulteraufrichtung, Nackenstreckung

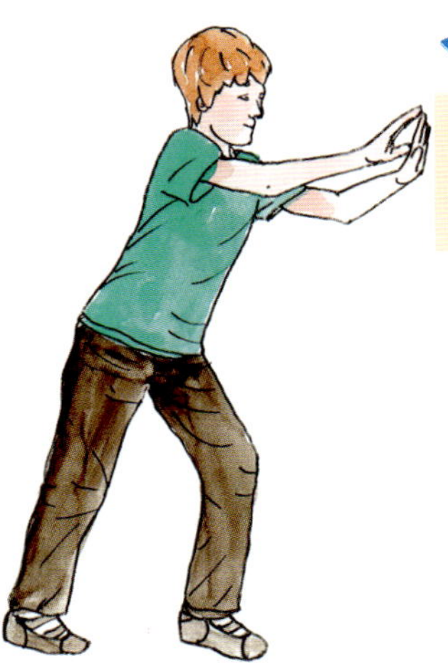

Die Kinder sollen einen Ausfallschritt nach vorne machen und dabei so tun, als ob sie eine „kippende Mauer" stützen wollen.

Gummibärchen

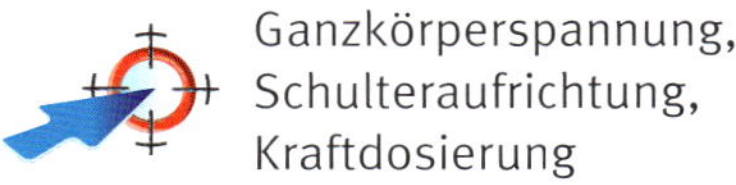

Ganzkörperspannung,
Schulteraufrichtung,
Kraftdosierung

Zwei Kinder finden sich jeweils zusammen und stellen sich gegenüber mit geschlossenen Beinen hin. Dabei spannen sie den ganzen Körper an und klatschen dann dreimal mit den Handflächen des Gegenübers zusammen.

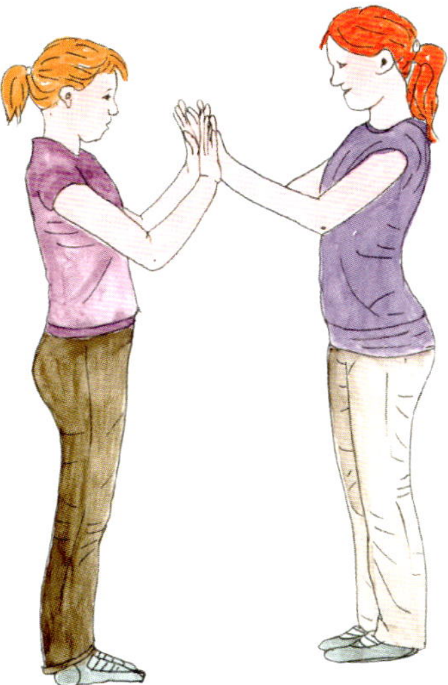

Kompass

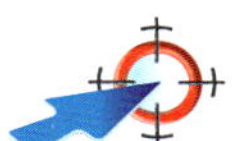

Rumpfrotation

Das Kind steht gerade und mit geschlossenen Beinen auf einer Stelle. Die Arme sind auf Schulterhöhe abgespreizt und symbolisieren eine Kompassnadel. Die Kompassnadel stellt sich ein, indem das Kind seinen Schultergürtel soweit es geht nach rechts und links gegen seinen Beckengürtel verdreht und die Arme steif mitführt. Die Füße bleiben dabei auf der Stelle stehen.

Variante:
Drehbewegung
mit angewinkelten Armen.

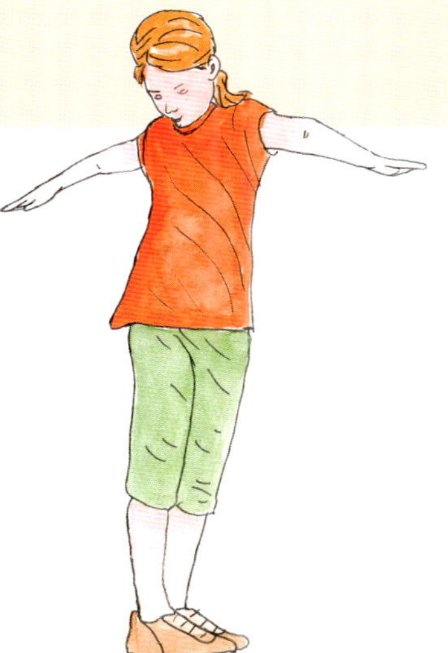

Kompassnadel mit gestreckten Armen

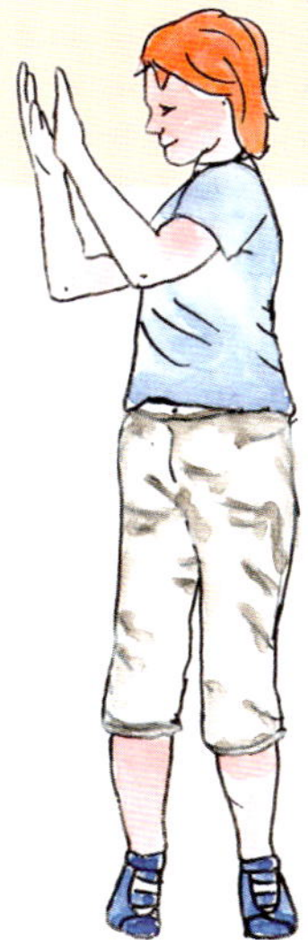

... mit angewinkelten Armen

Zappelhandstand oder ausschlagendes Pferd

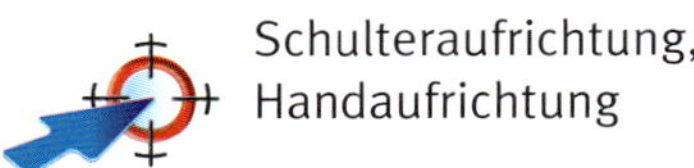

Schulteraufrichtung, Handaufrichtung

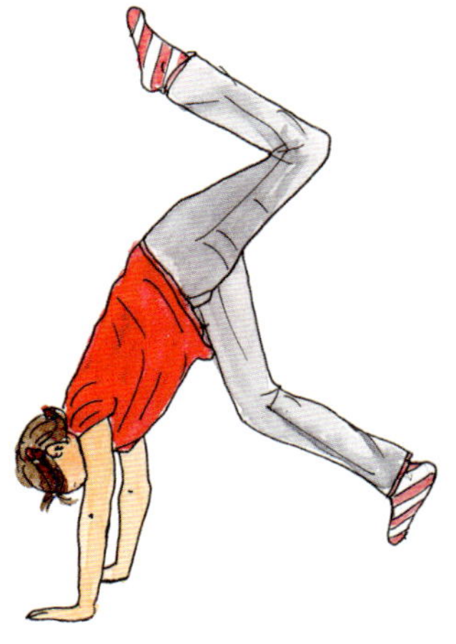

Die Kinder stützen sich mit ihren Händen am Boden ab und versuchen mit den Füßen zappelnd nach oben zu treten, als ob sie einen Handstand machen wollen.

Menschenmemory

Wenn die Kinder die Figuren beherrschen, kann das Spiel auch als Memory gespielt werden. Ein Kind geht vor die Tür und die anderen finden sich paarweise zusammen. Jedes Paar einigt sich auf eine gemeinsame Figur. Anschließend verteilen sich alle in der Halle. Das ratende Kind kommt nun herein und soll genauso wie beim Tischmemory immer zwei Kinder auffordern, ihre Figur vorzuturnen. Jedes erratene Paar setzt sich an den Rand.

1.8 Zauberspiel mit Tieren

» *Tobespiel*

Die Kinder laufen ungeordnet durch die Turnhalle. Die anleitende Person ruft in unterschiedlicher Reihenfolge mit den einleitenden Worten „Hokus, Pokus Fidibus" die verschiedenen Tiere auf, Welche die Kinder dann auf der Stelle blitzschnell einnehmen oder ausführen sollen (wie bei dem alten Kinderspiel „Feuer, Wasser, Blitz"). Zuvor werden die einzelnen Tiere den Kindern gezeigt und mit ihnen ausprobiert.

Sprechgesang:

„Hokus, Pokus ,Fidibus – ....mit Langeweile ist jetzt Schluss! Ich verzaubere euch in ... (Tiernamen werden gerufen)"

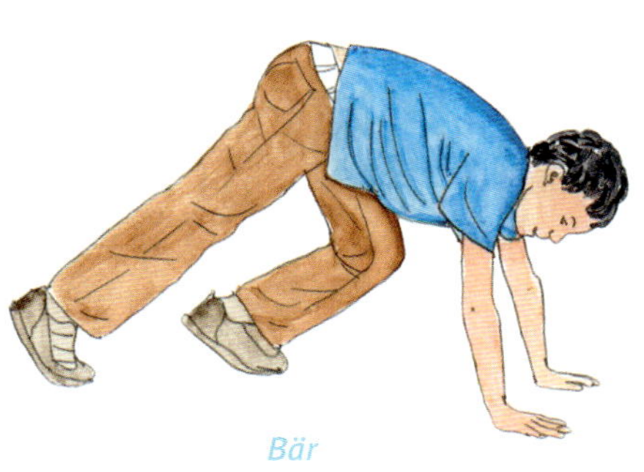

Bär

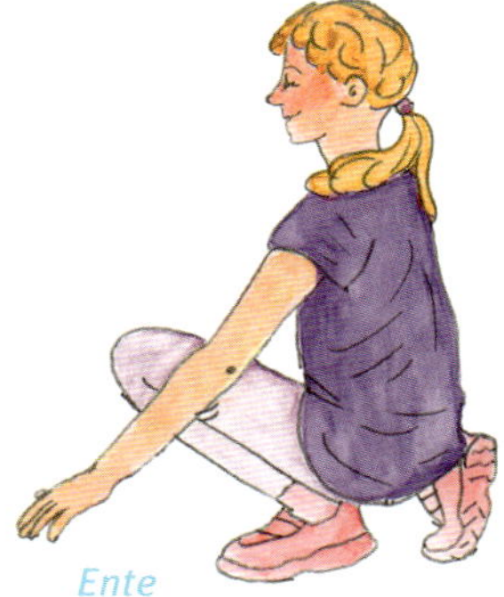

Ente

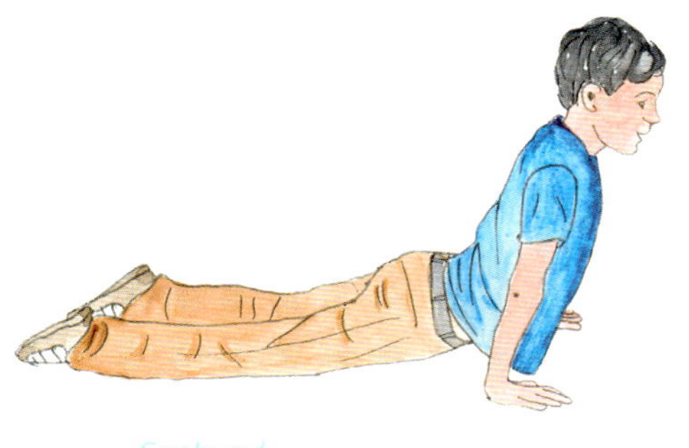

Seehund

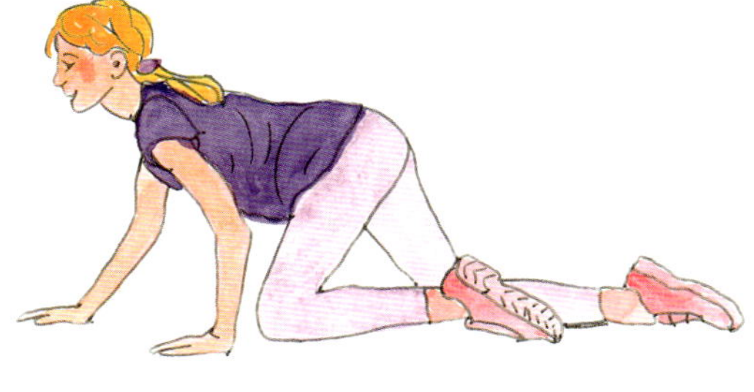

Katze

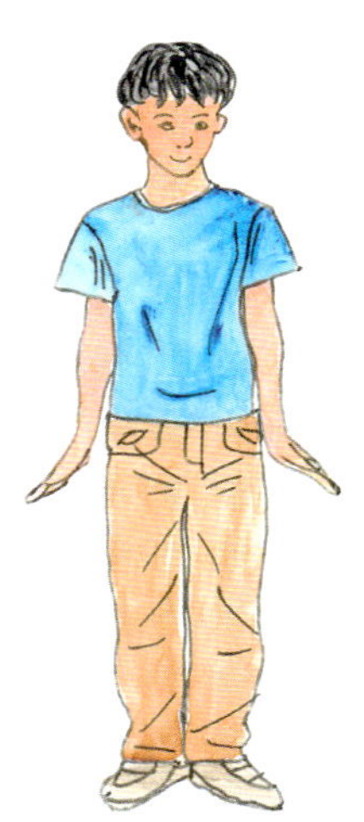

Pinguin

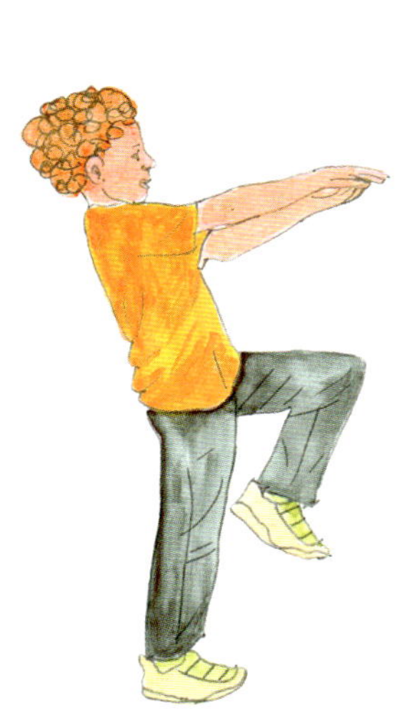

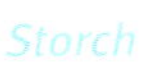

Storch

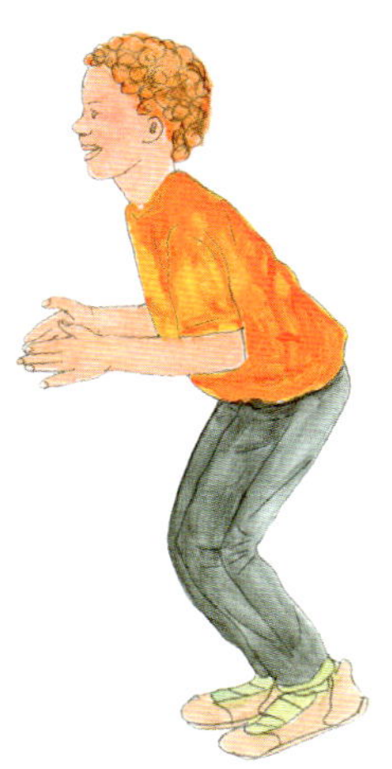

Känguru

1.9 Hubschrauberspiel

» *Tobespiel*

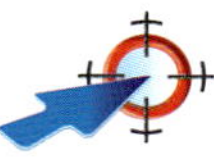

Schulteraufrichtung, Handaufrichtung, Rumpfrotation, starke Gleichgewichtsstimulation

Vorbereitung: Jeweils paarweise stehen sich die Kinder gegenüber und halten sich mit einmal überkreuzten Armen an den Händen fest. Die Daumen zeigen bei beiden Kindern nach oben.

Rotorblätter werden gestartet

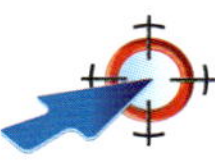

Schulteraufrichtung, Handaufrichtung, Rumpfrotation

Die Füße stehen sich unmittelbar gegenüber und die Körper werden gleichzeitig weit nach außen verlagert. Durch abwechselnden Zug der Arme entsteht eine **„Ruckel-Zuckel-Bewegung“**, bei der rhythmisch mal die eine Schulter weiter nach vorne gerichtet ist und mal die andere. Die Kinder sollen darauf achten, dass sie nicht umfallen.

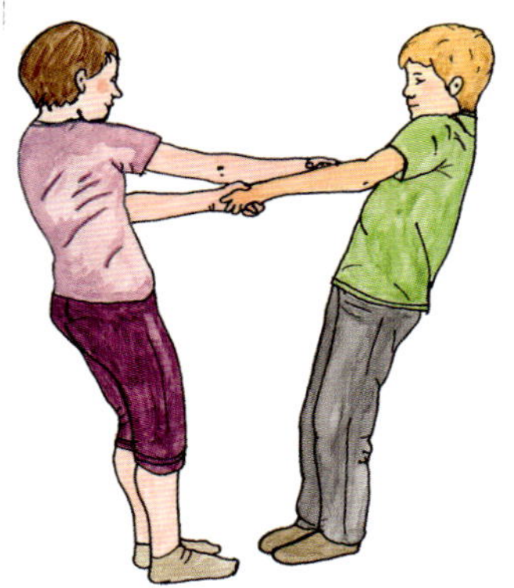

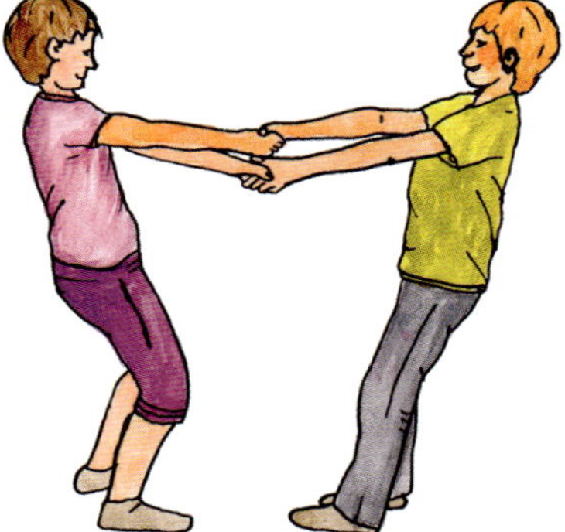

Rotorblätter drehen

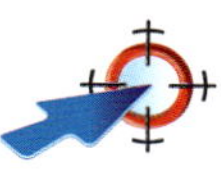

Gleichgewichtsstimulation

Aus den rhythmischen Ruckel-Zuckel-Bewegungen heraus beginnen die Kinder nun, sich wie Rotorblätter zu drehen – erst langsam und dann immer schneller. Bevor ihnen zu schwindelig wird, wechseln sie die Richtung. Hierbei sollte die Spielleiterin/ der Spielleiter darauf achten, dass nicht zu lange in eine Richtung gedreht wird.

Hubschrauber fliegt los und wendet auf der Stelle

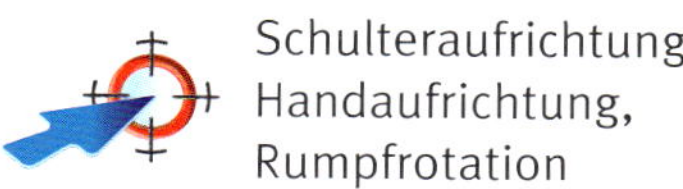

Schulteraufrichtung, Handaufrichtung, Rumpfrotation

Nach kurzem Innehalten drehen sich die Kinder um jeweils 90° auf der Stelle, sodass sie nun beide in **eine** Richtung gucken. Die Hände bleiben fest verbunden, sodass die Arme weiterhin gekreuzt sind.
Nun laufen die Kinder paarweise durch die Halle und sobald sie mit einem anderen Paar zusammenstoßen würden, ändern sie sich blitzschnell die Laufrichtung ins Entgegengesetzte (180°). Hierzu wird jeweils der gestreckte Arm gebeugt und der bislang gebeugte Arm gestreckt. Somit dreht sich jedes Kind auf der Stelle, ohne die Hände lösen zu müssen („Tango für Arme“).

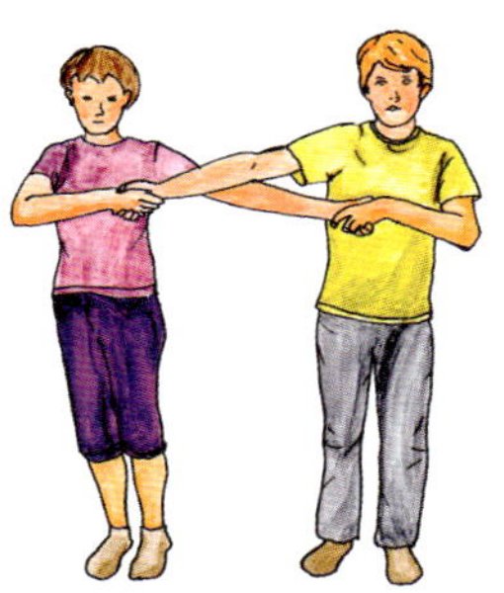

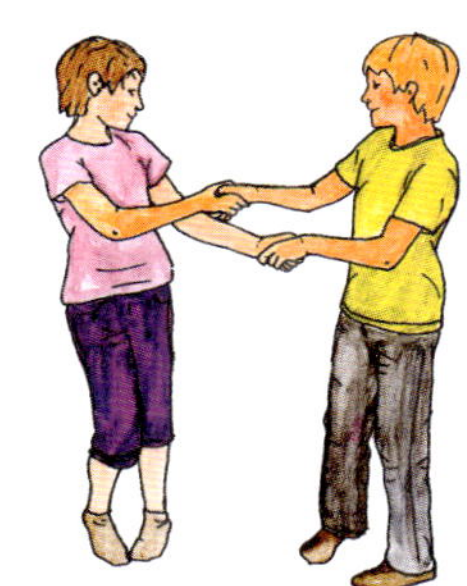

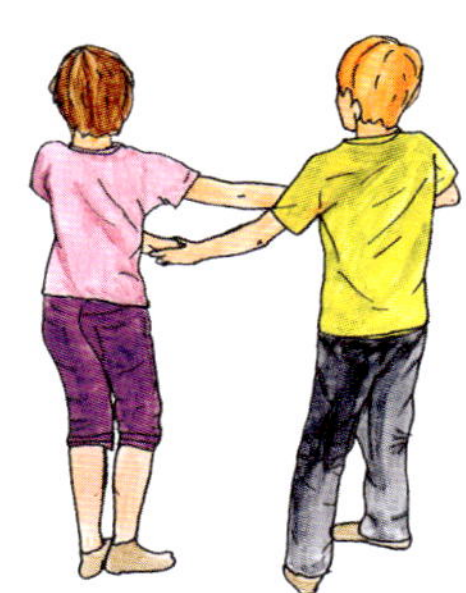

1.10 Kronenspiel

» ***Tobespiel***

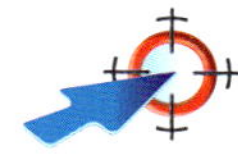

Gleichgewicht, Körpergefühl / Propriozeption

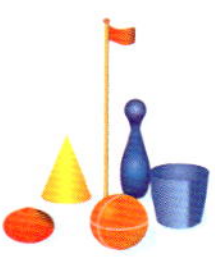

Gummiringe, mehrere Turngeräte, die zu einem Parcours oder als freie Hindernisse in der Halle aufgestellt werden; wahlweise mit Musik: z. B. französische Schreittänze

Jedes Kind bekommt einen Ring als Krone auf den Kopf und hat die Aufgabe, diesen durch die Halle zu balancieren. Die „Krone“ soll stolz getragen werden, indem der Nacken ganz lang gemacht wird und die Brust voller Stolz gezeigt wird, als ob dort eine Medaille zur Schau getragen wird. Hierbei darf die Krone nicht verrutschen oder gar herunterfallen. Wenn Begleitmusik vorhanden ist, bewegen sich die Kinder passend zur Musik durch den Raum und bei „Musikstopp“ verharren sie in ihrer Körperhaltung.

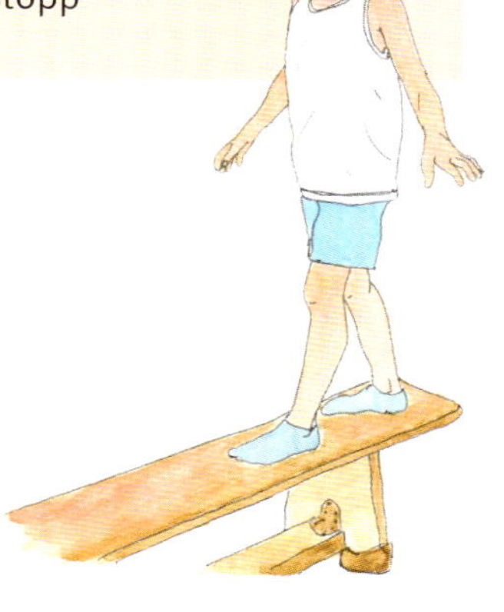

Varianten:

- Stolzieren oder Schreiten durch den Raum
- Es darf nur über die Linien auf dem Hallenboden geschritten werden.
- Es darf nur rückwärts geschritten werden.
- Die Krone soll über verschiedene Hindernisse balanciert werden, wie zum Beispiel über Bänke, Kästen, Sprungbretter, schräge Ebenen.

1.11 Popcorn-Spiel

» ***Tobespiel***

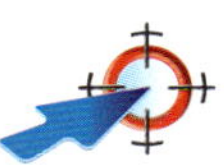

Beckenbodentraining und Beckenaufrichtung, Beuge- und Strecktonus

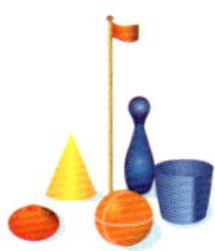

Ein Weichboden

Die Kinder setzen sich in der tiefen Hockhaltung auf den Weichboden, der einen Topf symbolisieren soll und spielen Maiskörner. Sie neigen ihren Kopf nach vorne und machen sich ganz klein. Der Spielleiter übernimmt die Rolle des Kochs. Beim zweiten Durchgang kann dies auch ein Kind übernehmen. Der Koch steht am Rand des Weichbodens und gibt pantomimisch Öl, Salz oder Zucker in die Topf und legt anschließend den Deckel oben auf. Jetzt dreht er einen großen Knopf, um den Herd anzustellen.

Es wird immer heißer und heißer im Topf und die „Maiskörner“ platzen. „Peng! Peng!...Peng!” Dabei springen die Kinder aus der tiefen Hocke hoch und auf dem Weichboden umher. Der neugierige Koch hebt den Deckel, um in den Topf zu schauen und die frechen „Popcörner“ flüchten in die Halle.

Der Koch versucht sein Popcorn wieder einzufangen und wird dabei zum Ticker.

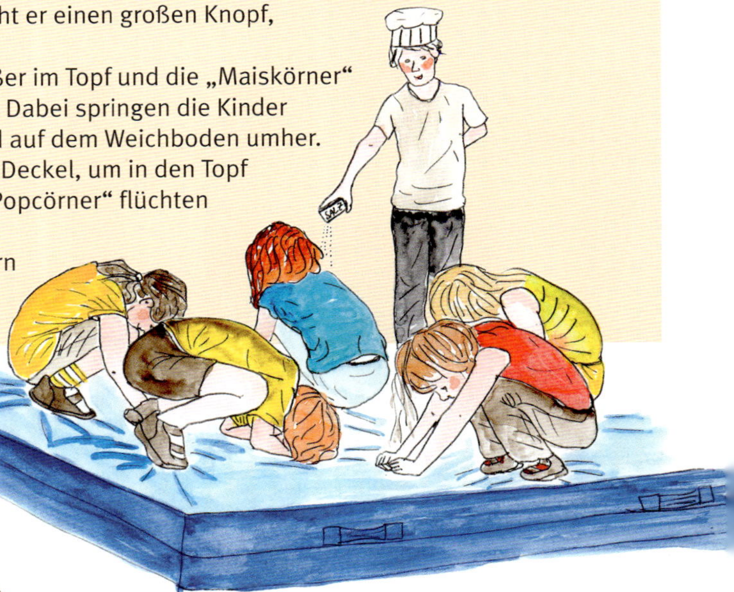

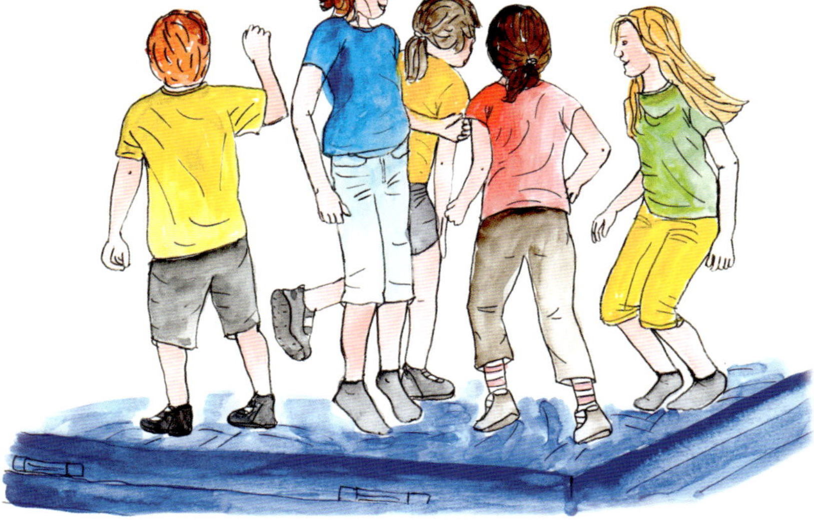

1.12 Möbel- oder Umzugspiel

» *Kraftspiel*

Tonusaufbau, Verbesserung von Propriozeption, Gleichgewicht und Koordination, Abduktion, Rotationsanbahnung

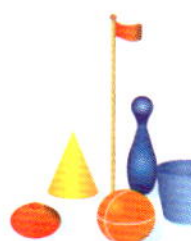

Flotte, rhythmische Musik während des Umzugs

Wir spielen einen Umzug nach. Dabei werden viele Möbelstücke aus einem ebenerdigen Haus herausgezogen. Dafür tun sich immer zwei Kinder zusammen. Das eine Kind wird von dem anderen gezogen, indem es sich mit beiden Händen an den Hüften des vorderen Kindes festhält. Das hintere Kind macht sich schwer, sodass sich das vordere Kind tüchtig anstrengen muss, um vorwärts zu kommen. Zwischendurch wird „abgeladen" und die Kinder stellen die Möbel pantomimisch dar.

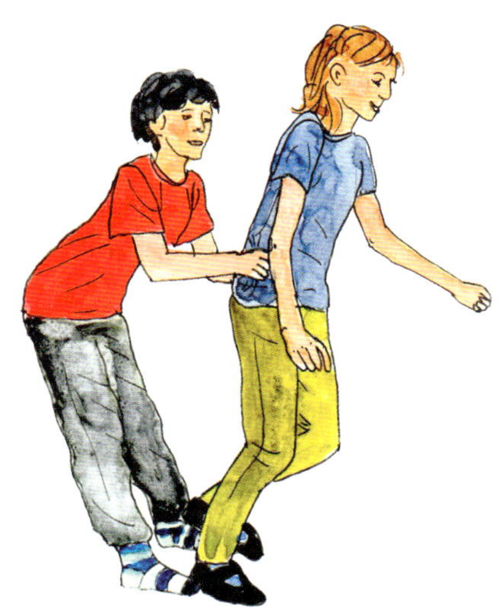

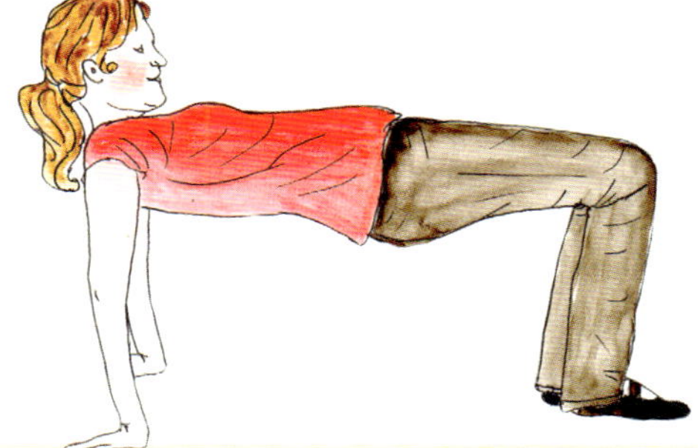

Sitzbänke

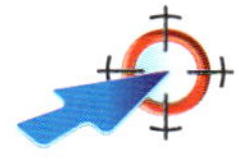

Schulteraufrichtung, Körperspannung, Beckenaufrichtung

Die Kinder nehmen die Krebsganghaltung ein. Ihren Bauch und Po sollen sie möglichst fest anspannen, damit die Sitzbank auch Stabilität hat.

Armstühle

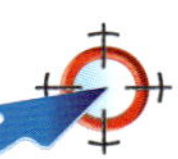

Körperspannung, Abduktion, Außenrotation, Beckenbodentraining, Gleichgewicht, Propriozeption

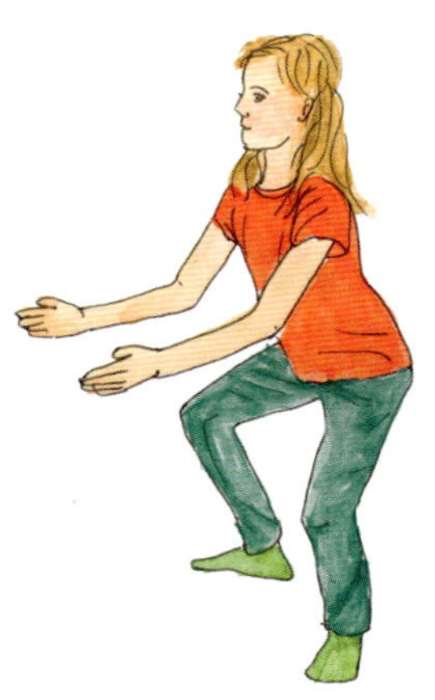

Die Kinder nehmen eine hohe Hockhaltung ein, wobei die Oberschenkel die Sitzfläche des Stuhls symbolisieren sollen. Die Beine sind gespreizt, die Knie zeigen nach außen. Der Rücken soll möglichst gerade gehalten werden. Die Arme werden als Armlehnen leicht gebeugt vor den Körper gehalten. Die Daumen zeigen nach oben.

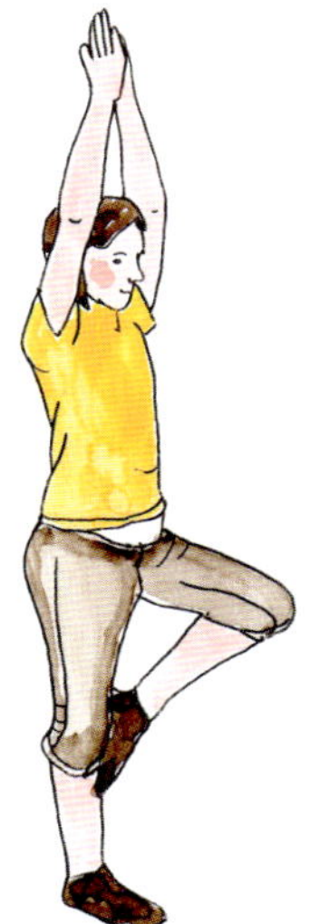

Stehlampen

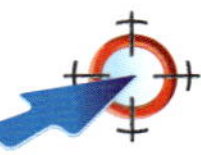

Körperspannung, Abduktion, Außenrotation, Gleichgewicht, Propriozeption

Die Kinder stellen sich mit einen Bein ganz still und gerade hin und winkeln das andere Bein hierzu an. Dabei soll das Knie weit nach außen zeigen (Abduktion und Außenrotation des Oberschenkels). Mit ihren Armen symbolisieren sie im Bereich des Kopfes den Lampenschirm.

Klapprige Kommoden

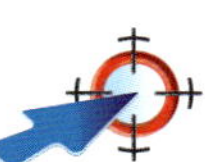

Ausgleich zwischen Beuge und Strecktonus

Die Kinder begeben sich in die Vierfüßlerposition und „wackeln" bzw. schaukeln nach vorn und hinten, als würde die Kommode gleich zusammenklappen.

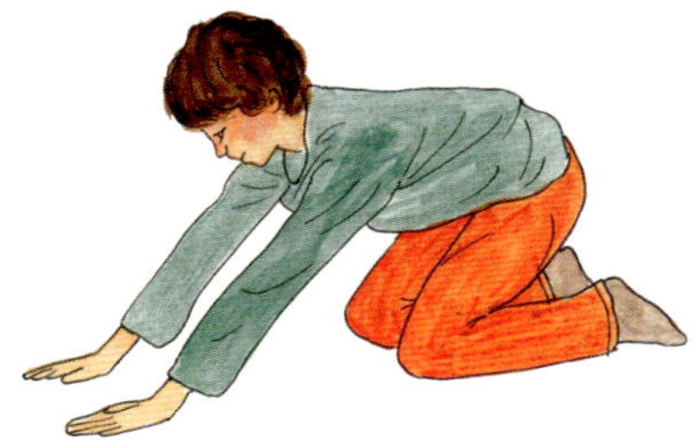

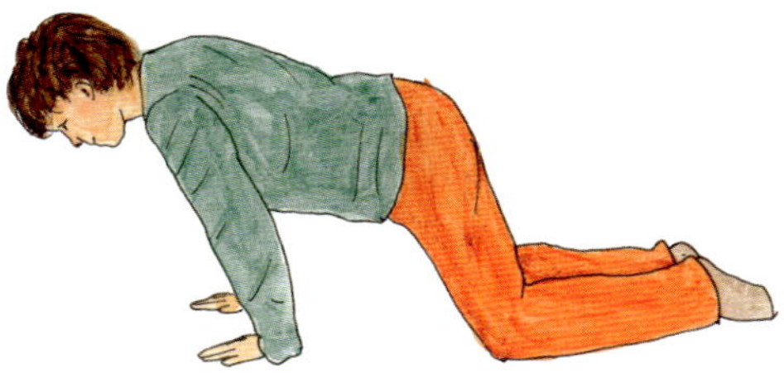

Vasen

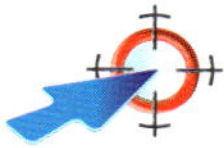

Ganzkörperspannung

Zwei Kinder stellen sich zueinander hin und fassen sich an den Händen an. Nun lassen sie sich gleichmäßig leicht nach hinten kippen, sodass eine trichterförmige Vase beschrieben wird.

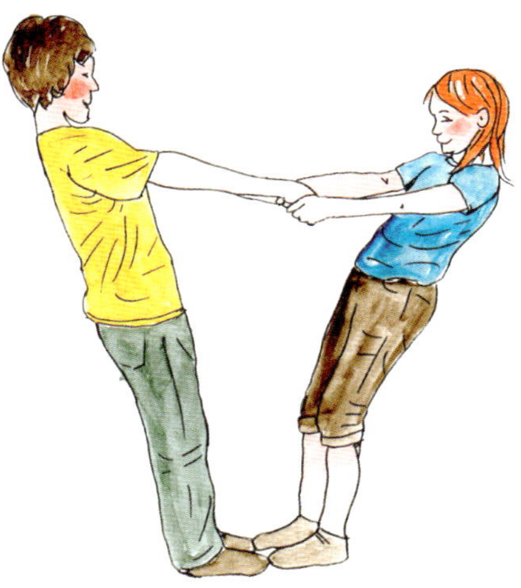

Lange Tische

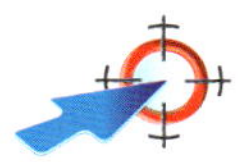

Körperspannung,
Rotation

Beide Kinder fassen sich an den Händen an und beugen ihren Oberkörper nach vorne. Gleichzeitig strecken sie jeweils ein Bein gerade nach hirten aus.

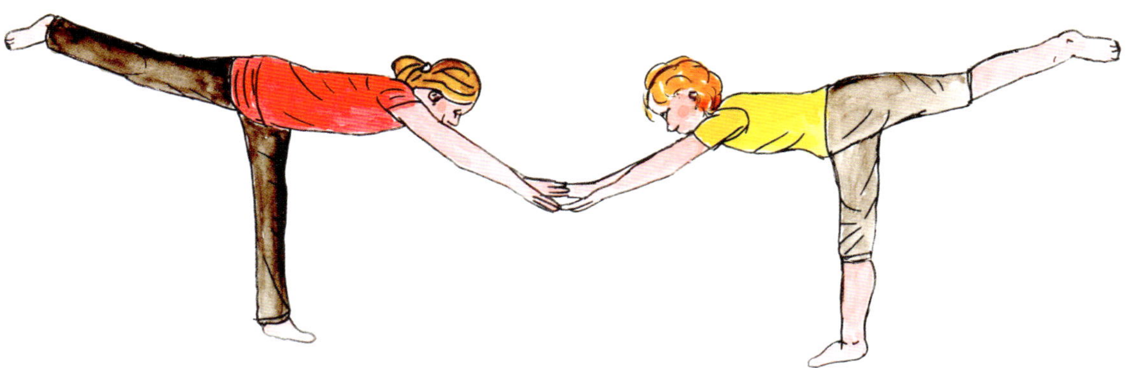

Zwischenspiel „Mittagspause“

Zu Tisch!

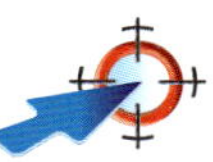

Beckenaufrichtung,
Schulteraufrichtung

Die Kinder sollen alle zusammen kommen und im Kniestand einen Kreis bilden. Mit nach vorn ausgestreckten Armen sollen sie eine Tischplatte beschreiben.

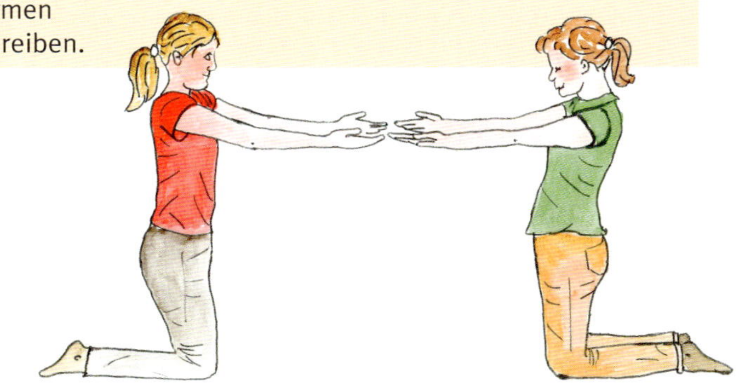

Wir essen!

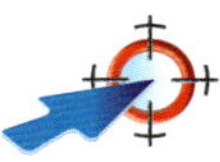

Beckenaufrichtung,
Handaufrichtung

Das Essen kurz pantomimisch andeuten.

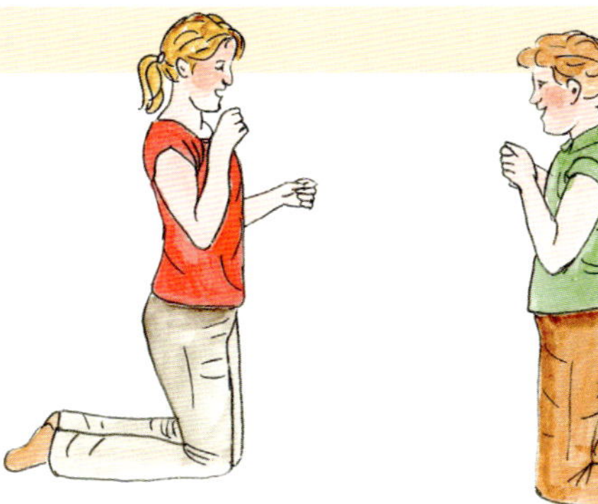

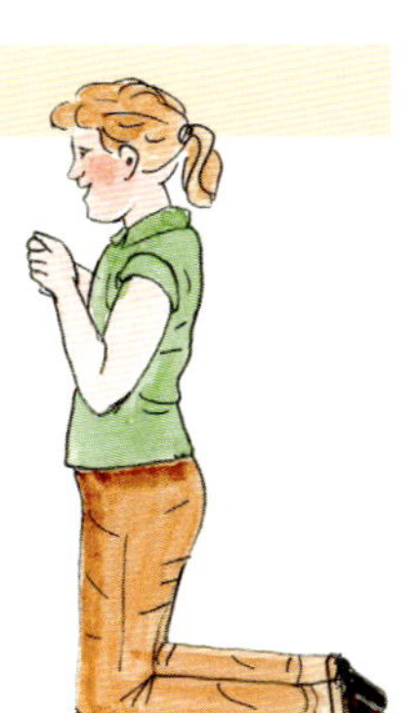

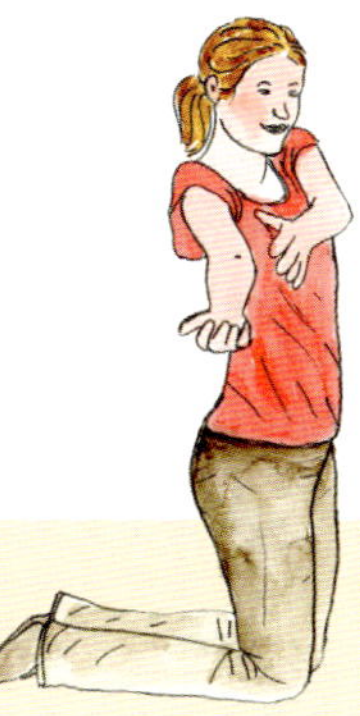

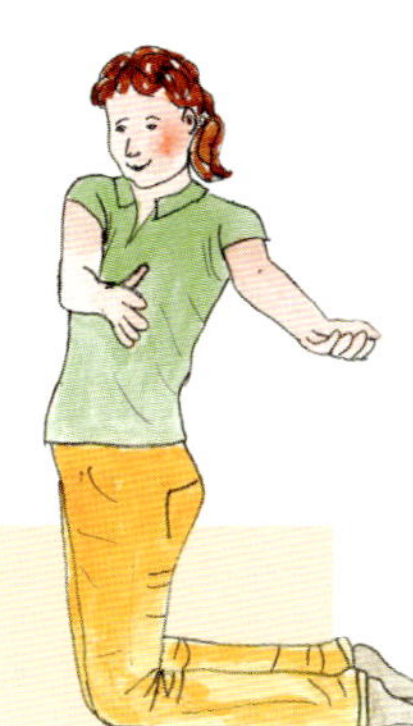

Abräumen!

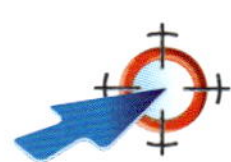

Beckenaufrichtung, Schulteraufrichtung, Handaufrichtung, Rotationsanbahnung

Mit dem rechten und anschließend mit dem linken Arm über den „Tisch“ wischen bis zur linken bzw. rechten Hand.

2 Gruppen- und Wettstreitspiele in der Turnhalle

2.1 Stürmische Seefahrt

» ***Gruppenspiel***

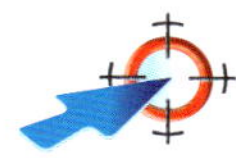

Körperspannung, Gleichgewicht, Beckenaufrichtung

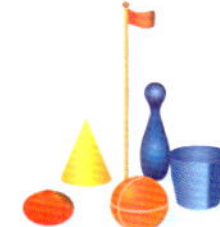

Ein Weichboden, ca. sechs Rollbretter gleichmäßig darunter verteilt, sechs bis sieben kleine Turnmatten, ein bis drei Medizinbälle

Aufbau: Die Rollbretter werden gleichmäßig unter dem Weichboden positioniert. Die kleinen Matten werden als Fallschutz um den Weichboden gelegt.

Zwei Gruppen treten gegeneinander an. Die Kinder der einen Gruppe knien sich paarweise nebeneinander im Kniestand auf dem Weichboden und halten sich mit gekreuzten Armen an den Händen fest. Die Daumen sollen stets nach oben zeigen. Die Kinder der anderen Gruppe platzieren sich im Kniestand um den Weichboden herum und positionieren ihre Hände auf dem Weichboden.

Erst ganz vorsichtig, dann immer stürmischer bewegen sie den Weichboden hin und her und versuchen die Kinder auf dem Weichboden aus dem Gleichgewicht zu bringen.

Ein Wechsel findet immer statt, wenn die Kinder zu Fall gebracht wurden oder spätestens nach zwei Minuten.

Trophäe im Kniestand hochhalten

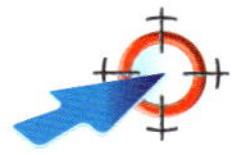

Körperspannung, Gleichgewicht, Beckenaufrichtung, Schulterstärkung

Als weitere Herausforderung sollen die Kinder auf dem Weichboden ein bis drei Medizinbälle herumreichen, die in unterschiedlichen Höhen (hüfthoch bis überkopf) weitergereicht werden sollen, ohne sie aus der Hand zu lassen.

Bei jüngeren Kindern sollten Softbälle verwendet werden, damit sie sich nicht verletzen.

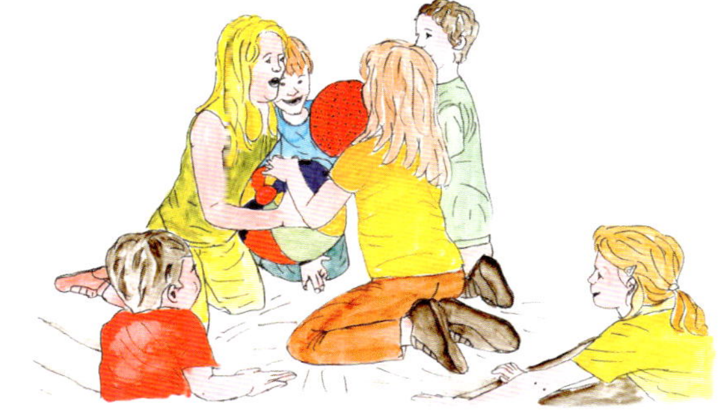

Rodeo

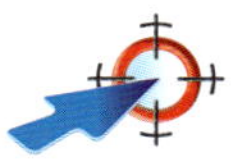

Körperspannung, Gleichgewicht, Beckenaufrichtung, Außenrotation und Abduktion der Beine

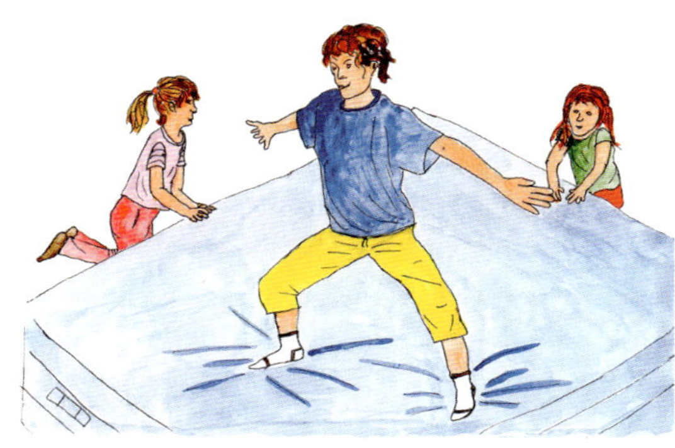

Bei einer geringen Gruppengröße kann anstelle mehrerer Kinder auch nur eins in der Mitte auf dem Weichboden sein und versuchen, im Gleichgewicht zu bleiben, während die restlichen Kinder im Kniestand um den Weichboden herum platziert sind und ihn kräftig hin und her bewegen. Der „Reiter" kann hierbei verschiedene Körperhaltungen ausprobieren.

Jüngere Kinder dürfen die Vierfüßlerposition verwenden oder den Kniestand ausprobieren. Bei schon älteren Kindern ist der weit gegrätschte Hockstand mit nach außen zeigenden Knien eine Herausforderung.

2.2 Spiel mit Bänken

» ***Kraftspiel/ Gruppenspiel***

Vorbereitung: Pro Gruppe werden jeweils zwei Bänke der Länge nach hintereinander aufgebaut.

Bis zu sechs Kinder bilden eine Gruppe. Nun haben die Kinder die Aufgabe, sich auf verschiedene Art und Weise über die Bänke zu bewegen. Es ist auch möglich, dass zwei Gruppen im Wettbewerb gegeneinander antreten.

Varianten:

Rücken

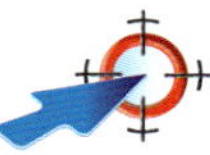

Schulteraufrichtung

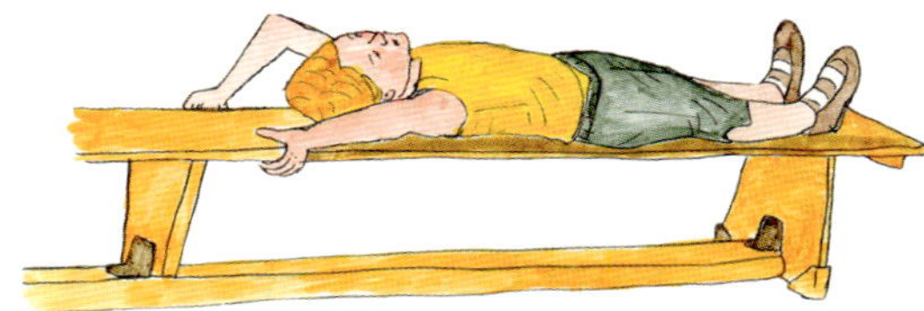

Die Kinder sollen sich auf dem Rücken liegend über die Bank ziehen.

Bauch

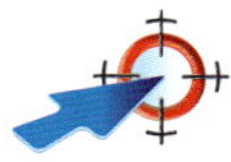

Schulteraufrichtung und Interozeption

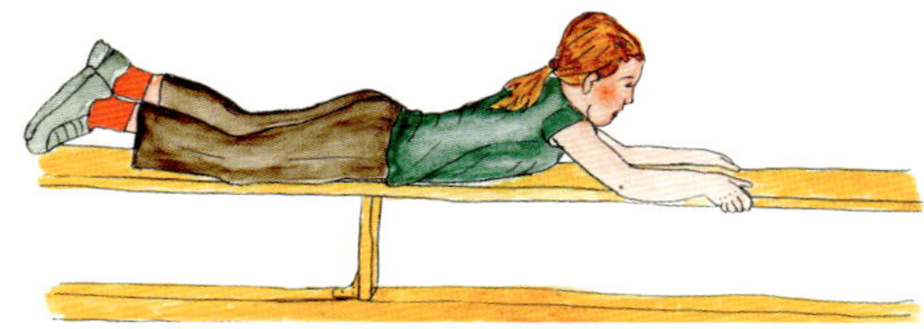

Die Kinder sollen sich auf dem Bauch über die Bank ziehen.

Krebsgang

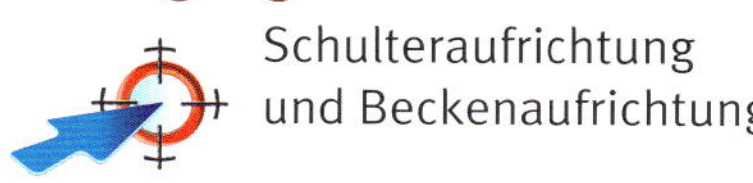

Schulteraufrichtung und Beckenaufrichtung

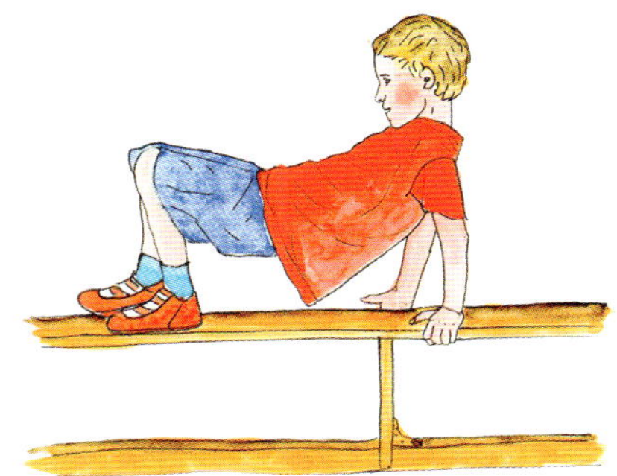

Die Kinder sollen im Krebsgang über die Bank gelangen.

Aneinander vorbei

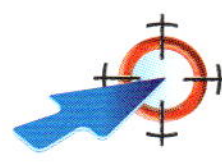

Gleichgewicht

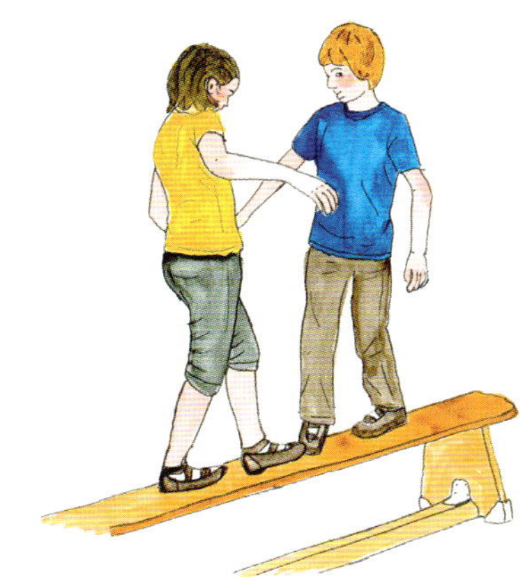

Zwei Gruppen stehen sich gegenüber und versuchen aneinander vorbeizukommen, ohne dass eine Gruppe „ins Wasser“ tritt.

Einbeinlauf

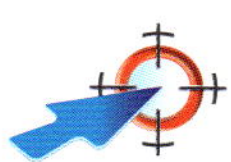

Gleichgewicht, Anbahnung der diagonalen Züge

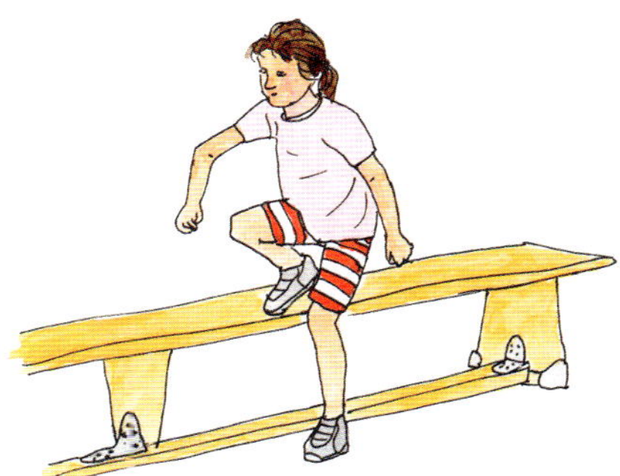

Die Kinder sollen mit einem Fuß auf der Bank und mit dem anderen Fuß auf dem Boden gehen.

Hockwende

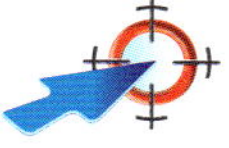

Schulteraufrichtung

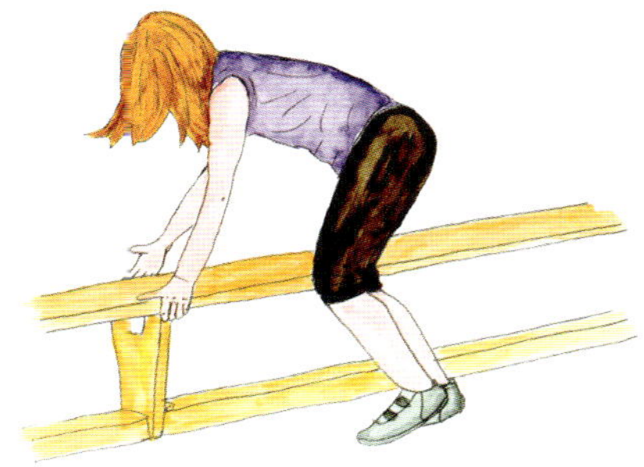

Die Kinder sollen mit Hocksprung über die Langbank springen oder mit „Hoppelpoppel“ (die Füße nacheinander über die Bank bewegen, wenn das Kind sich nicht traut, einen Hocksprung zu machen).

2.3 Wettstreit mit Bällen

» *Wettstreitspiel*

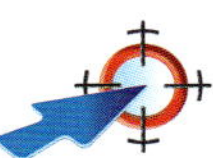

Rotation, Schulteröffnung, Beckenaufrichtung

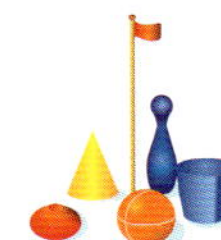

Bälle und vier Reifen oder umgedrehte kleine Kästen

Zwei Gruppen treten gegeneinander an. Die Kinder stehen in einer Reihe hintereinander in einem Abstand von ca. 70 cm, sodass alle in eine Richtung gucken.
Nun bekommt jede Gruppe einen gleich großen Vorrat an Bällen, die zunächst vor dem ersten Kind auf dem Boden in einem Reifen platziert werden. Mit dem Startsignal sollen nun die Bälle auf verschiedene Art und Weisen jeweils an den Hintermann weitergegeben werden. Am Ende der Reihe wird wieder ein Reifen oder ein umgedrehter kleiner Kasten platziert, um die durchgereichten Bälle abzulegen.

Varianten:

Slalom

Training der diagonalen Züge

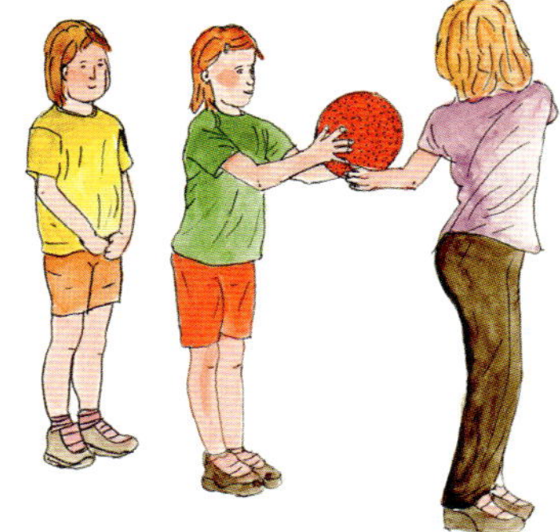

Wenn der Ball von rechts kommt, soll er anschließend über links an den Hintermann weitergegeben werden.

„Überkopf"

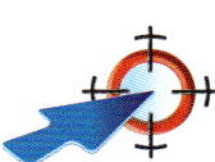

Streckung und Dehnung, Schulteraufrichtung

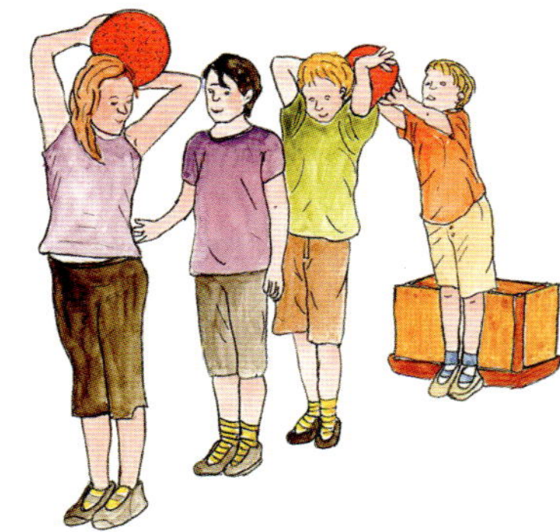

Überkopf soll der Ball jeweils an den Hintermann weitergeben werden.

Grätsche

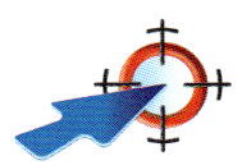

Stärkung der Rückenstrecker, Mobilisation der Hüftgelenke, Schulteraufrichtung

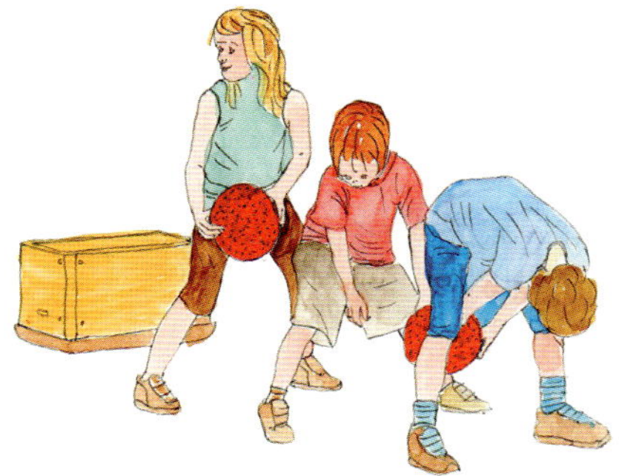

Der Ball soll nun jeweils durch die gegrätschten Beine an den Hintermann weitergereicht werden.

2.4 Ballwechsel für Fortgeschrittene

» *Bodenspiel*

Vorbereitung: Zwei oder mehr Kinder liegen jeweils auf dem Rücken so zueinander, dass sie sich mit ihren Füßen in der Luft berühren können. Hierbei sollen verschiedene Formationen ausprobiert werden. Nun haben sie die Aufgabe, einen weichen mittelschweren und nicht allzu kleinen Softball hin- und herzugeben – und das ausschließlich mit den Füßen. Der Ball sollte hierbei jeweils mit den Fußsohlen gehalten werden. Es ist sinnvoll, es barfuß zu machen, da festes Schuhwerk die Supinationsbewegung der Füße beeinträchtigt. Hierzu müssen die Beine gegrätscht werden, sodass die Knie weit nach außen zeigen und die Fußsohlen zueinander zeigen (Beine in Außenrotation, Füße in Supination). Die Arme dienen als „Ausleger“ zum Stabilisieren des Rumpfes. Der Blick sollte immer auf den Ball beziehungsweise auf die Füße gerichtet werden.

Einfacher Ballwechsel

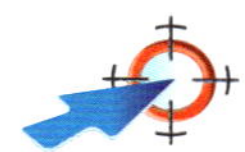

Beckenbeugung,
Außenrotation / Supination,
Unterbauchtraining

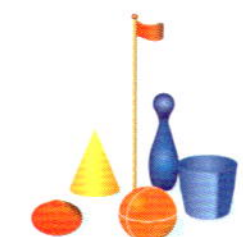

Ein weicher Noppenball

Jeweils zwei Kinder legen sich auf den Boden mit den Rücken so zueinander, dass ihre Füße sich in der Luft berühren können. Nun haben sie die Aufgabe, den Ball mit den Füßen hin- und herzugeben und einfache Ballwechsel durchzuführen.
Zu beachten: Kinder ohne festes Schuhwerk

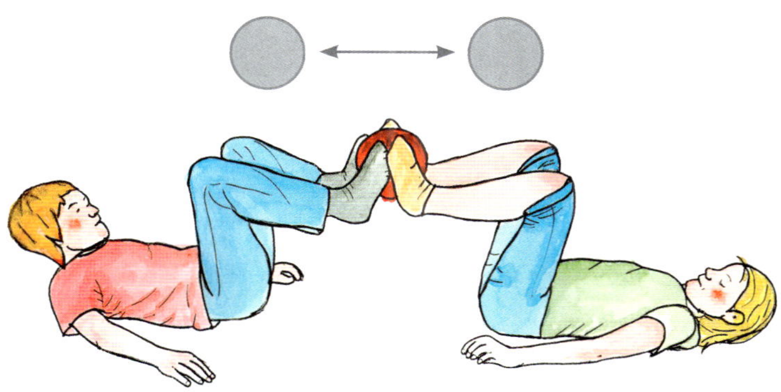

Schräger Ballwechsel

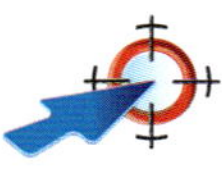

Beckenaufrichtung, Außenrotation / Supination, Unterbauchtraining, Lateralflexion bis Rumpfrotation

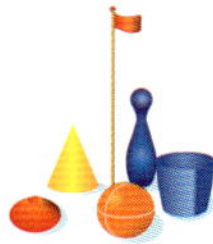

Zwei weiche Noppenbälle oder mehr sowie zwei große Kastendeckel oder Kastenzwischenteile als Ballbehälter

Bei mehreren Kindern werden zwei Reihen gebildet und auch zwei Bälle verwendet. Die Kinder liegen auf dem Rücken. Ihre Füße zeigen zueinander. Die Bälle sollen nun nicht direkt zum Gegenüber gegeben werden, sondern **im Zick-Zack** immer **schräg nach rechts oder links** zum Nachbarn des Gegenübers.

Wenn die Bälle am Ende der Reihen angekommen sind, werden sie kurz in den Ballbehältern zwischengelagert und anschließend wieder auf dem gleichen Weg zurückgegeben, sodass jeder zu beiden Seiten den Ball weiterzugeben hat und es nicht zu einem einseitigen Training kommt.

Es ist darauf zu achten, dass der Kopf nicht nach hinten in den Nacken gezogen wird (Reklination). Dieses wäre ein Zeichen, dass das Spiel noch zu schwer ist.

Wenn die Kinder den Spielablauf kennen, wird je nach Gruppenstärke die Anzahl der Bälle verdoppelt oder sogar verdreifacht.

Zu beachten: Kinder ohne festes Schuhwerk

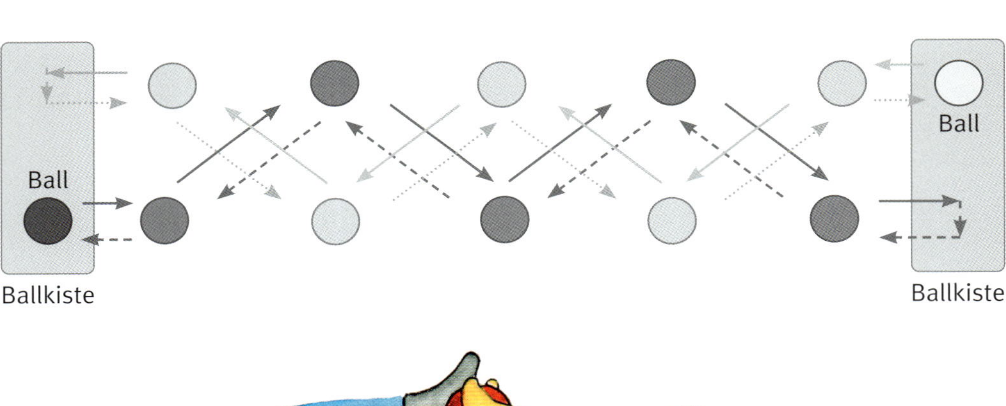

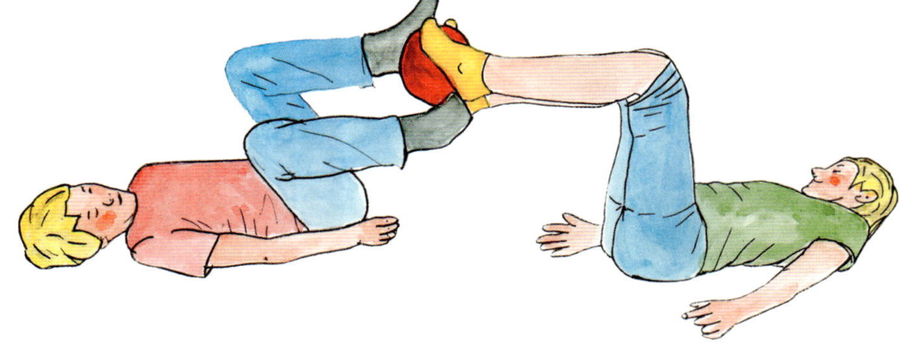

Ballwechsel überkopf

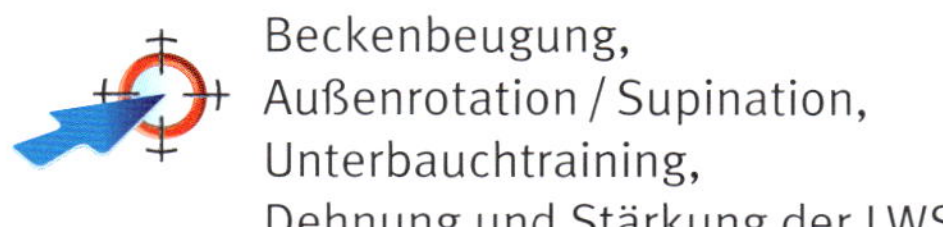

Beckenbeugung,
Außenrotation / Supination,
Unterbauchtraining,
Dehnung und Stärkung der LWS

Jeweils zwei Kinder legen sich auf den Rücken mit den Köpfen so zueinander, dass ca. 20 cm Platz zwischen ihren Köpfen ist:
Der Ball soll nun über die Köpfe hinweg mit den Füßen zum Gegenüber gereicht und angenommen werden. Hierbei müssen die Kinder wieder den Rumpf mit den Armen als „Ausleger" stabilisieren. Der Po wird vom Boden abgehoben als würde man eine Rolle rückwärts machen wollen. Der Ball darf für diese Spielvariante nicht zu hart sein, damit es bei missglückten Ballwechseln nicht zu Verletzungen kommt.

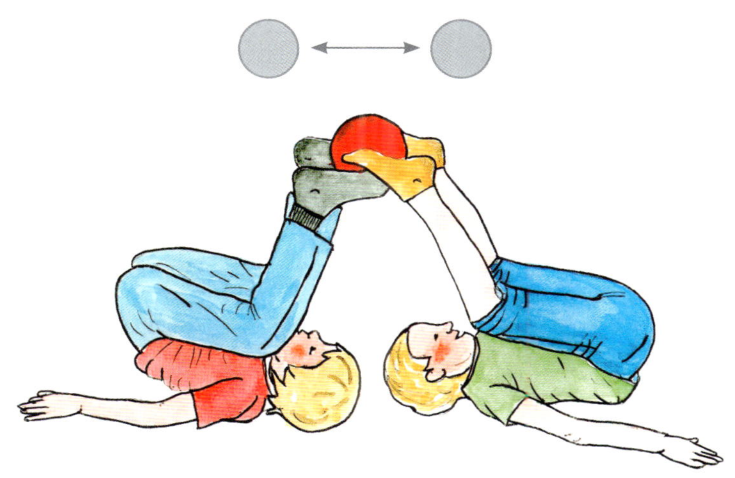

Schräger Ballwechsel überkopf

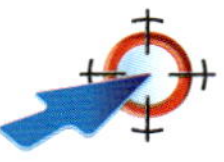

Beckenaufrichtung, Außenrotation/ Supination, Unterbauchtraining, Lateralflexion bis Rumpfrotation, LWS-Dehnung und Stärkung

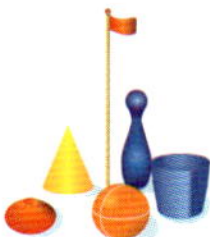

Zwei weiche Noppenbälle oder mehr sowie zwei große Kastendeckel oder Kastenzwischenteile als Ballbehälter

Bei mehreren Kindern werden zwei Reihen gebildet und auch zwei Bälle verwendet. Die Kinder liegen auf dem Rücken mit den Köpfen zueinander. Zwischen den Köpfen sollte ein Abstand von ca. 20 cm bestehen.
Der Ball soll nun über die Köpfe hinweg mit den Füßen **im Zick-Zack** immer **schräg nach rechts oder links zum Nachbarn des Gegenübers** gereicht und angenommen werden. Wenn der Ball an dem einen Ende der Reihen angekommen ist, werden sie kurz in den Ballbehältern zwischengelagert und anschließend wieder auf dem gleichen Weg zurückgegeben, sodass jeder zu beiden Seiten den Ball weiterzugeben hat und es nicht zu einem einseitigen Training kommt.
Es muss darauf geachtet werden, dass der Kopf nicht nach hinten in den Nacken gezogen wird (Reklination). Dieses wäre ein Zeichen, dass das Spiel noch zu schwer ist.
Zu beachten: Kinder ohne festes Schuhwerk

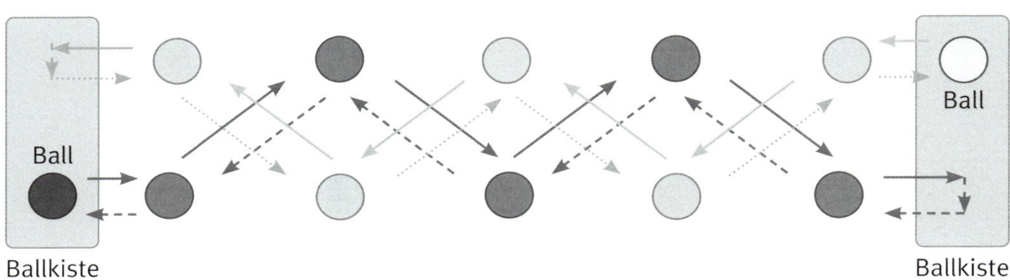

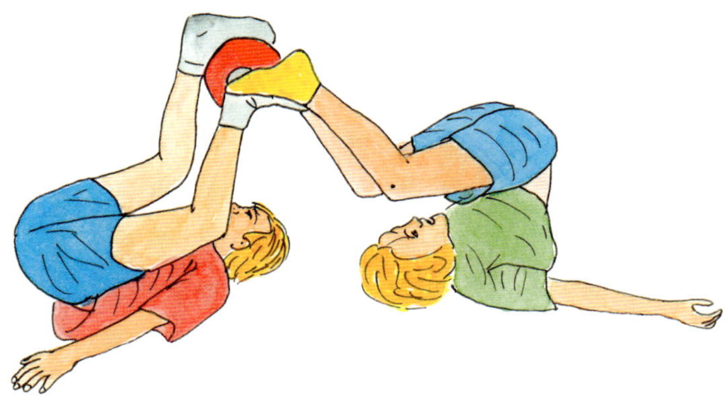

2.5 Tauziehen mit Riesenschlange

» ***Kraftspiel***

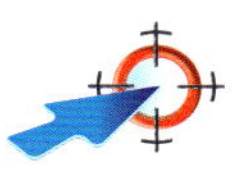

Schulteraufrichtung, Beckenaufrichtung, Beckenbodentraining

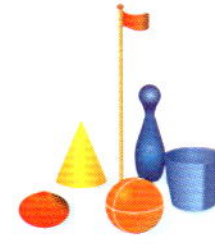

Ein dickes Tau mit beidseitig angebrachten Gurtschlaufen (pro Kind zwei) oder Riesenschlange von der Firma Wehrfritz (Länge 6 m, ∅ ca. 10 cm, Griffabstand ca. 42 cm)

Zu beachten: Kinder ohne festes Schuhwerk

Gewöhnliches Tauziehen

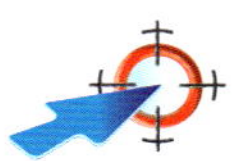

Schulteraufrichtung, Armbeuger-Training, Spannungsaufbau

Jeweils ein bis drei Kinder stehen sich an beiden Seiten gegenüber und ziehen an jedem Ende des Taus bzw. der Schlange gegeneinander. Die **Hände** greifen dabei in die Gurtschlaufen, die sich am Tau bzw. an der Schlange befinden. Hierbei wird das Tau/ die Schlange auf **Hüfthöhe** gehalten, so, wie man es beim Tauziehen gewöhnlich macht.

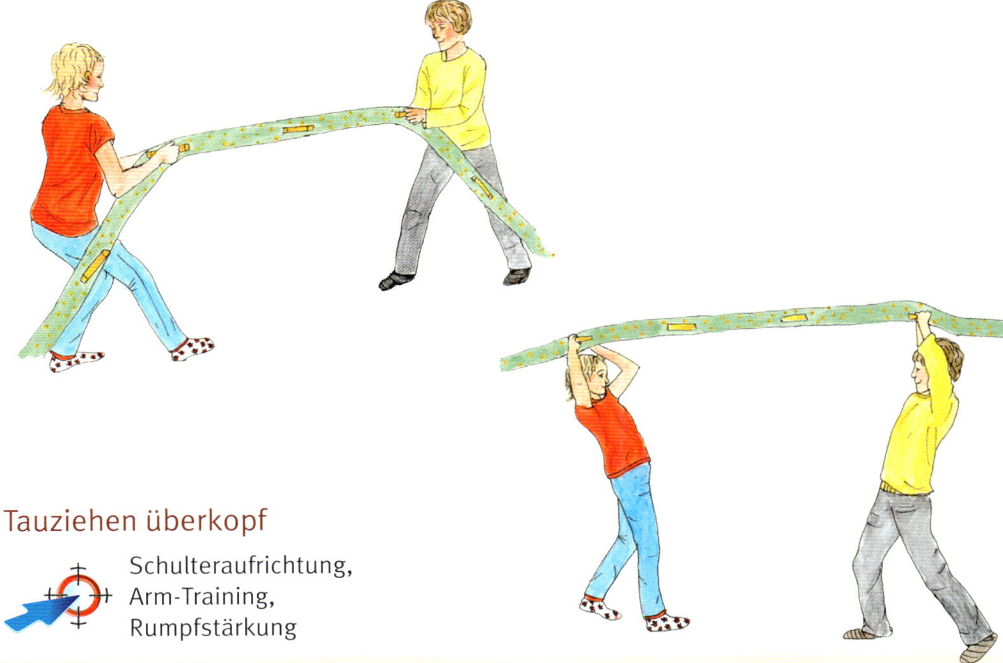

Tauziehen überkopf

Schulteraufrichtung, Arm-Training, Rumpfstärkung

Jeweils ein bis drei Kinder stehen sich auf beiden Seiten gegenüber und ziehen an jedem Ende des Taus bzw. der Schlange gegeneinander. Die **Hände** greifen dabei in die Gurtschlaufen, die sich am Tau bzw. an der Schlange befinden. Nun soll die Schlange **überkopf** gehalten werden, sodass die Kraft mehr aus den Armstreckern (anstelle der Armbeuger beim gewöhnlichen Tauziehen) kommen muss und auch im Rumpf andere Muskelgruppen angesprochen werden.

Tauziehen mit den Füßen im Sitzen

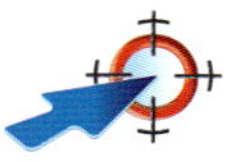

Beckenbodentraining,
Beckenaufrichtung,
Außenrotation, Supination

Auf jeder Seite des Taus/ der Schlange sitzen jeweils ein bis drei Kinder auf dem Boden und positionieren ihre Füße in den Gurtschlaufen (je Fuß eine Gurtschlaufe). Hierzu müssen die Knie weit nach außen zeigen, sodass die Fußsohlen zueinander gerichtet sind, und das Tau/ die Schlange halten können. Das Tau/ die Schlange wird über die Schultern geführt, damit man sich nicht daraufsetzt. Die Hände werden entweder auf dem Boden zum Haltgeben abgestützt oder auf den Oberschenkeln positioniert. Die Kinder haben nun die Aufgabe, gegeneinander ihre Kräfte zu messen, indem sie nur mit den Beinen ziehen.

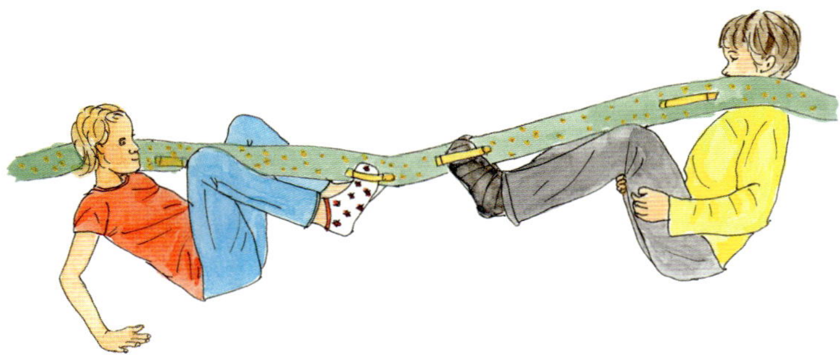

Tauziehen mit den Füßen im Liegen

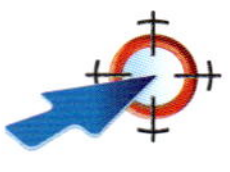

Beckenbodentraining,
Beckenaufrichtung,
Außenrotation, Supination

Auf jeder Seite des Taus/ der Schlange liegen jeweils ein bis zwei Kinder mit dem Rücken auf dem Boden und strecken ihre Beine in die Luft. Sie positionieren ihre Füße in den Gurtschlaufen (je Fuß eine Gurtschlaufe). Hierzu müssen die Knie weit nach außen zeigen, sodass die Fußsohlen zueinander gerichtet sind, und das Tau/ die Schlange halten können. Die Hände werden entweder auf dem Boden zum Haltgeben abgestützt oder auf den Oberschenkeln positioniert. Die Kinder haben nun die Aufgabe, gegeneinander ihre Kräfte zu messen, indem sie nur mit den Beinen ziehen.

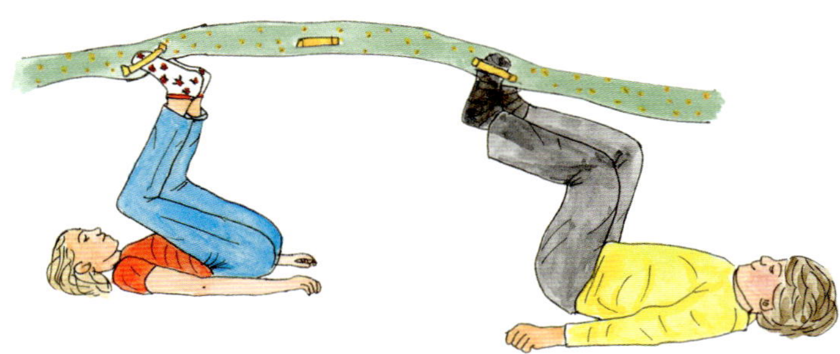

3 Spiele mit Sprechgesang oder mit Musik in der Turnhalle

3.1 Viele kleine Erbsen

» ***Bodenspiel***

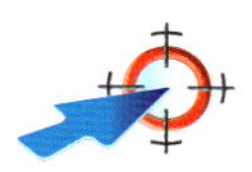

Schulteraufrichtung, Handaufrichtung, Beckenaufrichtung

Die Kinder liegen mit den Gesichtern zueinander im Kreis auf dem Boden. Der Oberkörper ist auf die Ellenbogen gestützt, die Beine sind leicht gegrätscht, sodass die Kinder die Füße über dem Po mit den Fußsohlen aneinanderdrücken können. Begleitend zum Sprechgesang *„viele kleine Erbsen kullern auf die Straße"* symbolisieren die Finger die Erbsen und werden nach vorne „laufend" zur Mitte bewegt. Bei *„kommt ein großer Laster und fährt sie alle platt"* schlagen die Kinder fest mit den flachen Händen auf den Hallenboden. Und bei *„oh, wie schade, jammer, jammer schade"* werden die Handinnenflächen aneinandergedrückt und abwechselnd an die Wangen gehalten, als wolle man sein Bedauern ausdrücken.

Sprechgesang:

„Viele kleine Erbsen kullern auf die Straße,
kommt ein großer Laster und fährt sie alle platt!
oh, wie schade, jammer, jammer schade..."

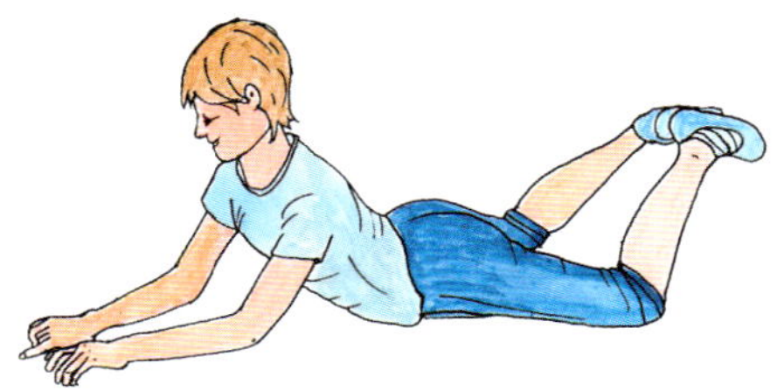

Erbsen kullern

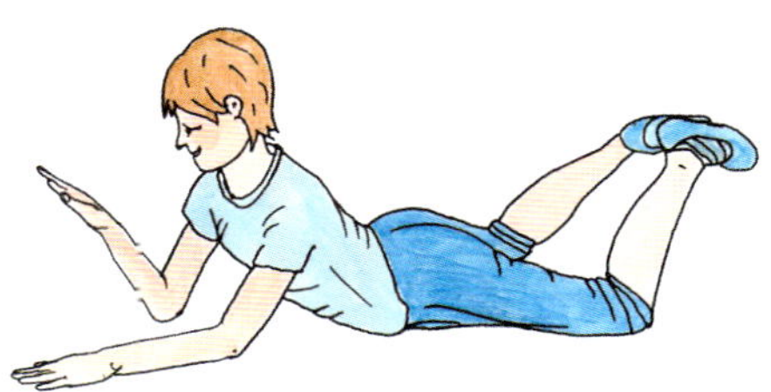

Erbsen platt

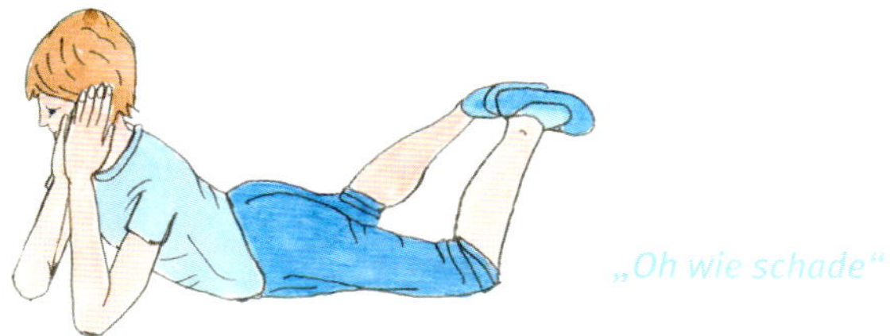

„Oh wie schade"

Variante: Die Kinder liegen alle nebeneinander in einer Linie („auf dem Bürgersteig"). Körperhaltungen und Bewegungen zum Sprechgesang sind die gleichen, jedoch bei „kommt ein großer Laster" wird zusätzlich der Kopf schnell von rechts nach links gedreht, als ob man einem vorbeifahrenden Laster nachblicken würde („brummmmmm").

3.2 Ich hab' die ganze Nacht gefischt

» *Bodenspiel / Gruppenspiel*

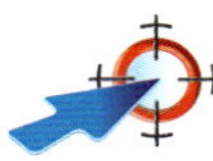

Schulteraufrichtung, Interozeption, Beckenaufrichtung, Rotationsanbahnung, Fußaufrichtung

Vorbereitung: Die Kinder legen sich mit dem Bauch im Einzel-Ellenbogenstütz auf den Boden und bilden zusammen einen engen Kreis. Jedes Kind streckt einen Arm zur Mitte, sodass die Hände sich fast berühren. Ein Kind übernimmt die Rolle des Fischers, die anderen Kinder symbolisieren mit ihrer ausgestreckten Hand Fische, die flach auf dem Boden hin- und herschwimmen.
Während der Fischer mit seinem Arm langsam über den „Fischen" kreist, sagt er: *„Ich habe die ganze Nacht gefischt und haaaabe einen Fiiisch erwischt!"*
Bei *„erwischt"* versucht er blitzschnell einen „Fisch" zu fangen, indem er auf eine Hand schlägt. Die Kinder ziehen dabei aber ebenso schnell ihre Hände weg.
Rollentausch: Wenn ein „Fisch" erwischt wurde, wird dieser zum Fischer. Ein Rollentausch findet auch statt, wenn der Fischer fünfmal nicht erfolgreich war.

Sprechgesang:
„Ich habe die ganze Nacht gefischt
und haaaabe einen Fiiisch
erwischt!"

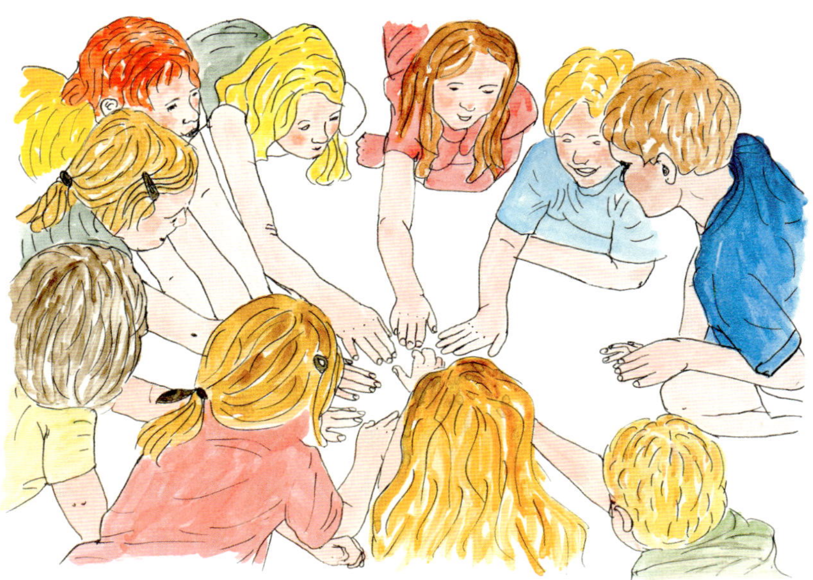

3.3 Wipp und Wapp

» ***Wettstreitspiel***

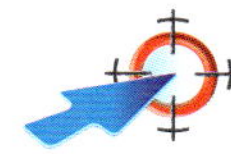

Schulteraufrichtung, Beckenaufrichtung, Lateralflexion

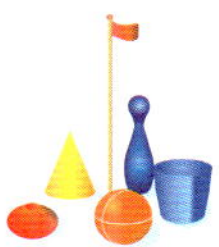

Evtl. Turnmatten

Die Kinder verteilen sich in der Turnhalle bzw. auf den Turnmatten und nehmen die Krebsganghaltung ein.
Während die anleitende Person „*wipp und wapp, wipp und wapp geht die Brücke auf und ab*“ singt, bewegen die Kinder ihren Po möglichst weit nach oben und unten.
Bei „*hin und her, hin und her geht die Brücke ganz schön schwer*“ wird das Becken hin und her zu den Seiten geschwungen.
Und bei „*rundherum, rundherum fällt die Brücke plötzlich um*“ sollen die Kinder versuchen, ihr Becken zu kreisen bis sie dann schließlich zur Seite wegkippen.

Sprechgesang:

„Wipp und wapp, wipp und wapp
geht die Brücke auf und ab.
Hin und her, hin und her
geht die Brücke ganz schön schwer.
Rundherum, rundherum
fällt die Brücke plötzlich um.“

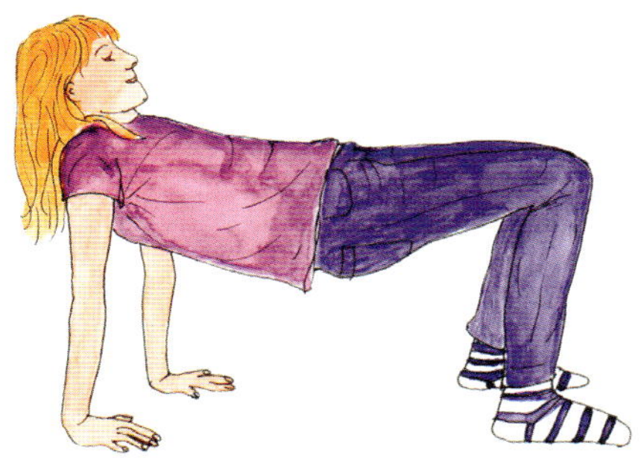

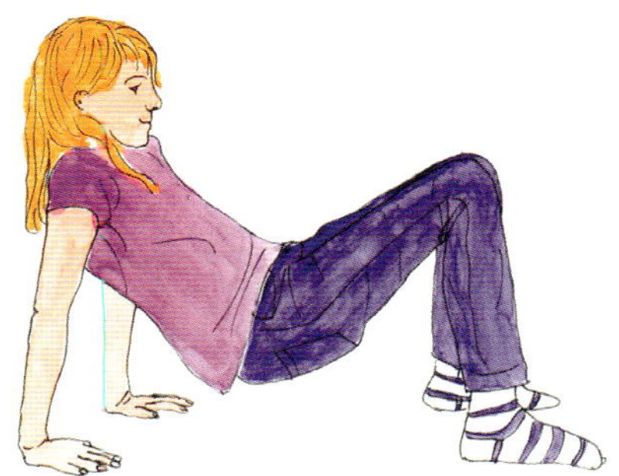

Auf und Ab

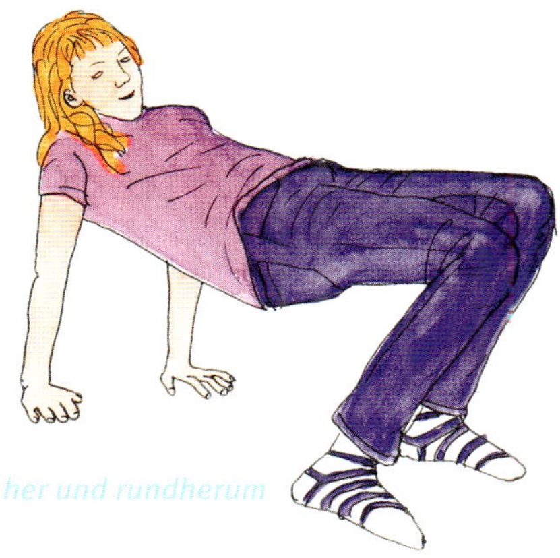

hin und her und rundherum

3.4 Krokodil aus Afrika

» *Bodenspiel / Gruppenspiel*

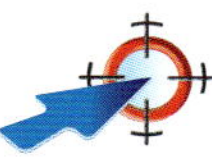

Schulteraufrichtung, Beckenaufrichtung, Fußaufrichtung, Rotationsanbahnung

Die Kinder legen sich auf ihrem Bauch in Kreisformation auf den Boden. Die Gesichter zeigen in das Kreisinnere. Sie stützen sich auf ihre Unterarme, die Beine sind auseinandergespreizt und im Kniegelenk gebeugt, die Fußsohlen berühren sich (wie im Ellbogen-Beckenstütz). Damit sie genügend Spannung aufbauen, fordert man sie auf, einmal schlapp in den Schultern zu hängen und dann die Unterarme auf den Boden zu drücken und eine königliche Haltung mit herausgestreckter Brust einzunehmen. Die königliche Haltung soll beibehalten werden.

Sprechgesang:

„Was schwimmt denn da?
Was schwimmt denn da?"
„Ein Krokodil aus Afrika."
Es sperrt sein Maul auf,
es sperrt sein Maul auf
und sagt: „Ich fress' die/den …(Name eines Kindes)… auf!"
„Doch die/der … sagt: „Nein,
Krokodil lass' das sein,
denn sonst sperr' ich dich in
eine Kiste ein!"

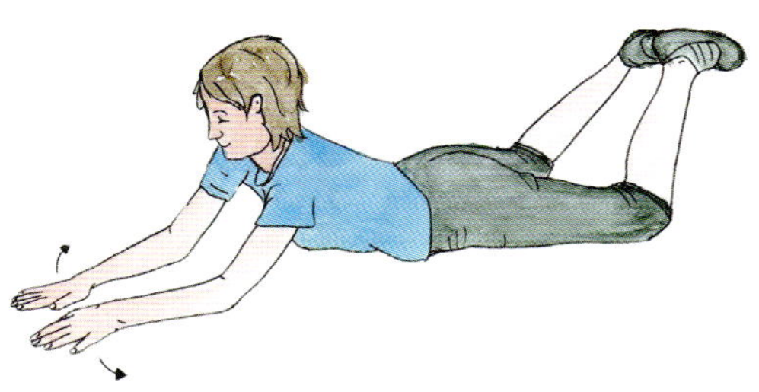

„Was schwimmt denn da …"

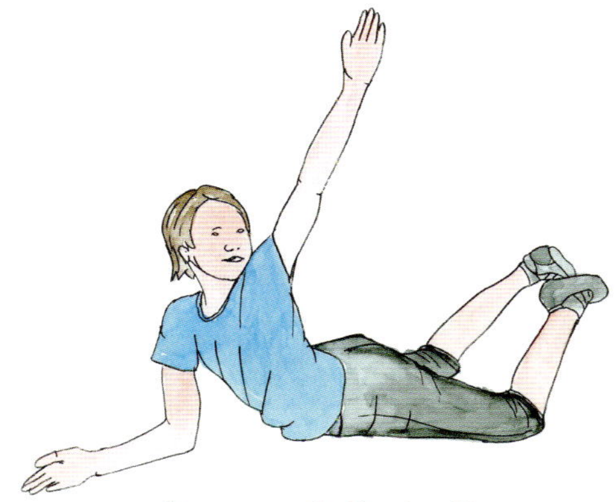

„Es sperrt sein Maul auf"

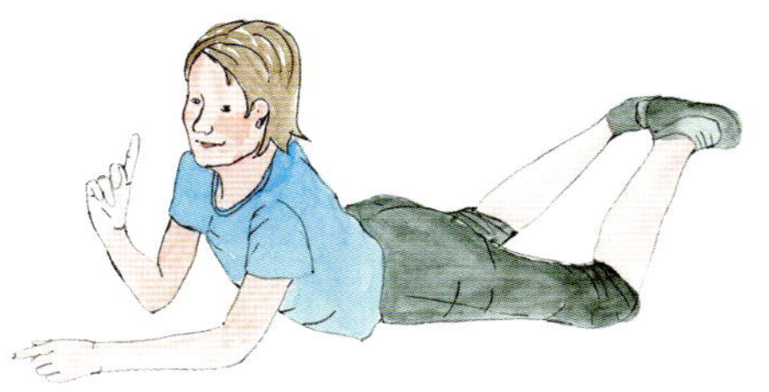

„… Krokodil lass' das sein…"

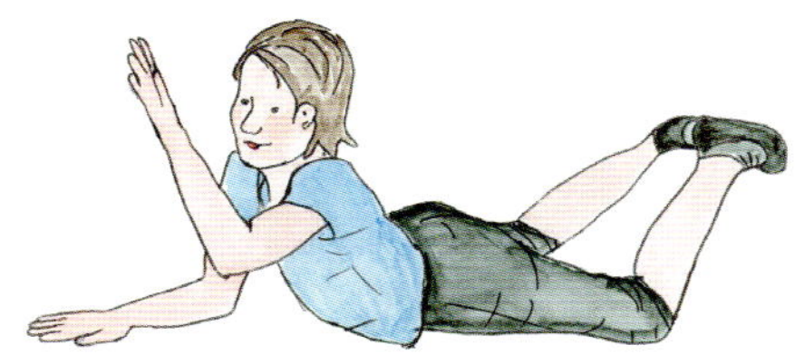

„… sperr' ich dich in eine Kiste ein".

Sprechgesang	Aktionen
„Was schwimmt denn da?“	Schwimmbewegungen mit den Armen.
„Ein Krokodil aus Afrika.“	Die Unterarme rutschen über den Boden und machen eine Schwimmbewegung.
„Es sperrt sein Maul auf,“	Einzel- Ellenbogen-Stütz, der freie Arm wird hoch in die Luft gehalten und zeigt so das große Maul an, dann
„es sperrt sein Maul auf“	Seitwechsel bei der Wiederholung. Bei lang ausgestreckten Beinen kann der Arm soweit aufgedreht werden, dass es zu einer Rotation des Rumpfes kommt und das gleichseitige Bein leicht mit angebeugt wird.
„und sagt: “Ich fress' die/den .. auf!“	Wieder Unterarmstütz, beidseits, der Spielleiter zeigt auf das Kind.
„Doch die/der ... sagt: „Nein, Krokodil lass' das sein,	Mit einer Hand und freiem Unterarm eine ablehnende Geste zeigen.
denn sonst sperr' ich dich in eine Kiste ein!“	Mit flachen Händen abwechselnd auf den Boden klatschen (ab: „... in eine Kiste ein!“)

3.5 Wir fahren, fahren, fahren ...

» *Bodenspiel/ Gruppenspiel*

von Wolfgang Hering: Bewegungslieder für Kinder, rororo 1490

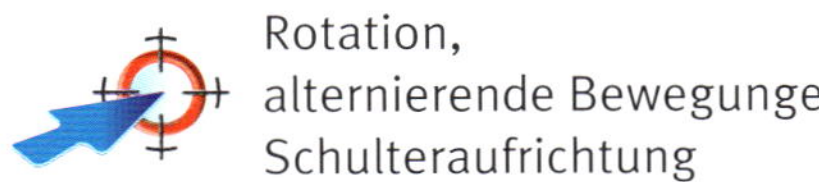

Rotation,
alternierende Bewegungen,
Schulteraufrichtung

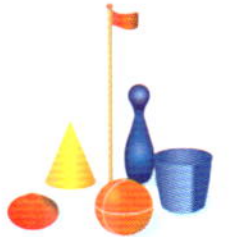

Evtl. Turnmatten

Die Kinder verteilen sich in der Turnhalle und legen sich mit dem Rücken auf den Boden (evtl. auf Turnmatten). Begleitend zu den gesungenen Strophen werden bestimmte Bewegungen angeleitet.

Strophe 1:

Sprechgesang	Aktionen
„Wir fahren, fahren, fahren, fahren, fahren ... wir fahren in die große weite Welt. Wir fahren, fahren, fahren, fahren, fahren und machen alles so wie's uns gefällt.“	die Beine in die Luft strecken und Fahrradbewegungen durchführen
„Rechter Blinker: klick, klick...“	rechten Arm zur Seite strecken, Handrücken berührt den Boden, Daumen abspreizen, im Ellbogen beugen und strecken
„Linker Blinker: klick, klick...“	linken Arm zur Seite strecken ... Handrücken berührt den Boden, Daumen abspreizen, im Ellbogen beugen und strecken
„Scheibenwischer: wisch, wisch...“	mit den gestreckten Armen am Boden einen Halbkreis beschreiben. Handinnenflächen zeigen weiterhin nach oben, die Daumen sind abgespreizt
„Schneller fahren....“	mit den Beinen immer schneller strampeln

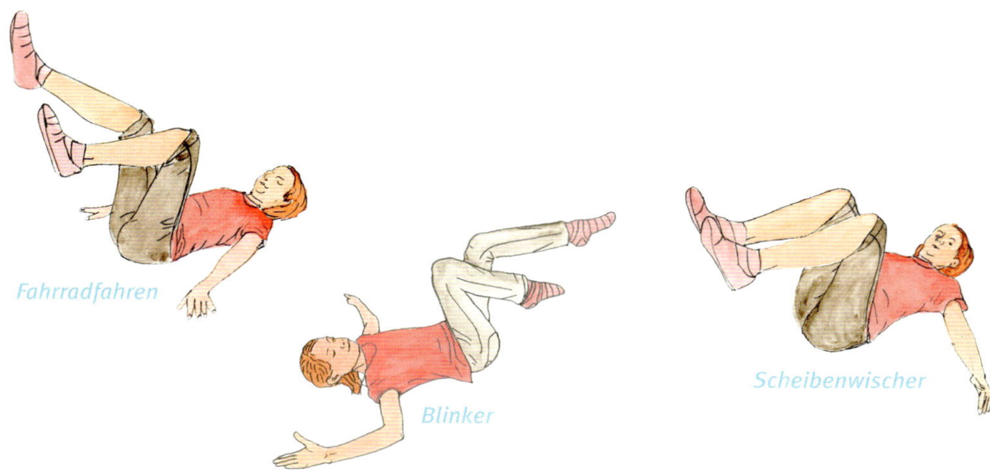
Fahrradfahren
Blinker
Scheibenwischer

Strophe 2:

Sprechgesang	Aktionen
„Wir fahren, fahren, fahren, fahren, fahren ... wir fahren in die große weite Welt. Wir fahren, fahren, fahren, fahren, fahren und machen alles so wie 's uns gefällt."	die Beine in die Luft strecken und Fahrradbewegungen durchführen
„Rechte Kurve: quietsch, quietsch..."	Beide Beine werden noch ein Stück weiter auf den Bauch geholt und als „Paket" auf die rechte Seite verlagert. Die Arme stabilisieren dabei den Rumpf, sodass die Schultern auf dem Boden bleiben. Der Kopf wird ebenfalls nach rechts in Fahrtrichtung gedreht.
„Linke Kurve: quietsch, quietsch..." „Schneller fahren:...."	Wiederholung zur linken Seite ... mit den Beinen immer schneller strampelnde Fahrradbewegungen in die Luft machen
„Geradeaus .... schneller .... stoooooooooopp!"	mit den Beinen schneller strampeln und dann bei *„STOPP"* so tun, als ob man mit Händen und Füßen in der Luft bremsen würde. Dabei werden Arme und Beine in die Luft gestreckt und still gehalten. Wichtig dabei ist, dass die Füße und Hände angezogen werden und die Knie leicht gebeugt bleiben.

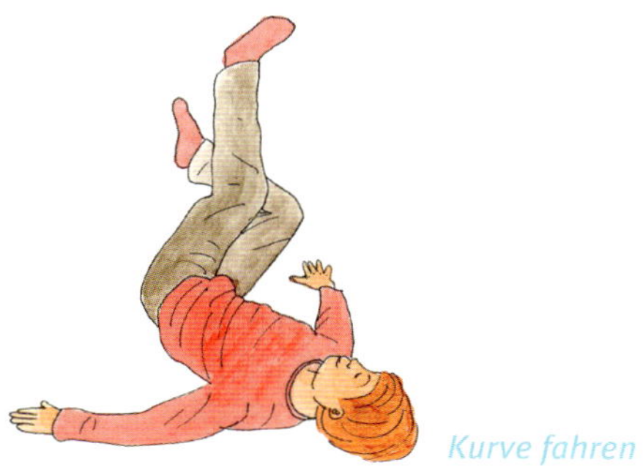
Kurve fahren

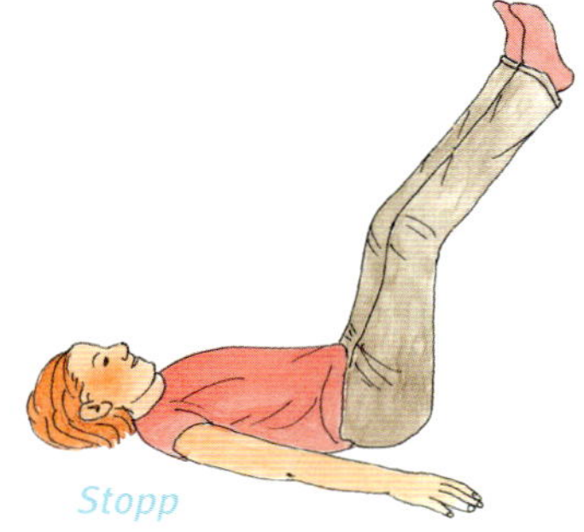
Stopp

3.6 Drück' den einen und gib' den anderen weiter!

» ***Kraftspiel / Gruppenspiel***

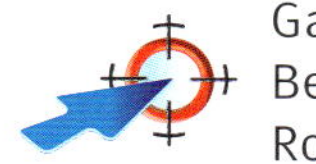

Ganzkörperspannung, Beckenbodenkräftigung, Rotation, Propriozeption

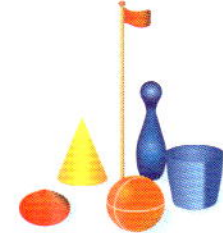

Ein Gymnastikball pro Kind und zwei bis drei weitere Spielbälle, je nach Gruppengröße

Die Kinder stehen im Kreis und jedes drückt mit seinen Fersen einen Gymnastikball so fest, dass sich eine starke Spannung aufbaut, die bis ins Becken reicht. Dieser Ball darf nicht verloren gehen.

Nun werden Spielbälle hinzugenommen, die innerhalb der Gruppe weitergereicht werden. Begonnen wird mit einem Ball, der mit den Händen erst rechts, später auch links herum an den Nachbarn weitergereicht wird. Wenn das gut klappt, kann ein zweiter oder auch ein dritter Ball dazu kommen. Jetzt kann man die Kinder auffordern, durch besonders schnelles Weitergeben den einen Ball mit dem anderen einzuholen. Dabei darf der eigene Ball zwischen den Fersen nicht verloren gehen.

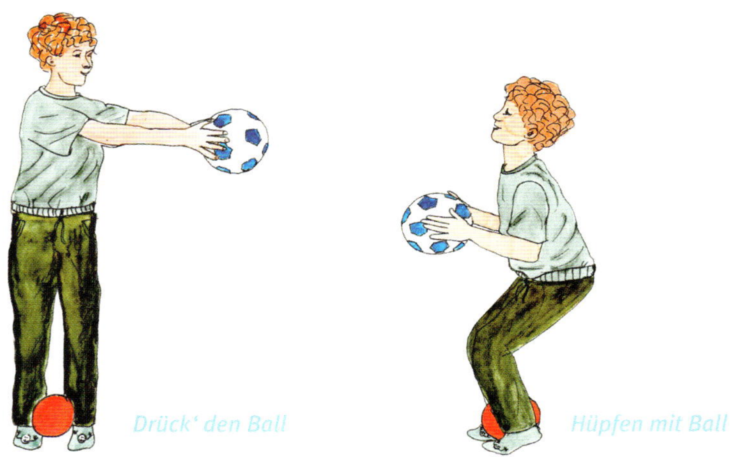

Variante:

Ein Ball wird durch die Kreismitte einem anderen Kind zugeworfen. Fällt der Ball auf den Boden, muss das Kind, welches nicht gefangen hat, diesen hüpfend wieder zurückbringen, damit es den eigenen Ball zwischen seinen Fersen nicht verliert.

3.7 Handpatscher in der Turnhalle

» ***Gruppenspiel***

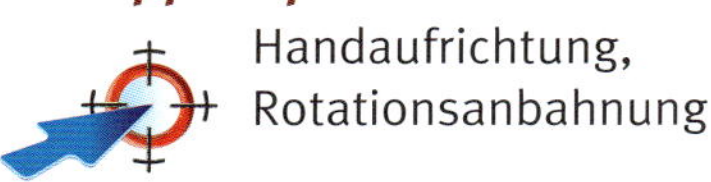

Handaufrichtung, Rotationsanbahnung

Die Kinder setzen sich recht eng nebeneinander im Schneidersitz zusammen und bilden einen Kreis.
Begleitend zum Sprechgesang klatschen die Kinder mit ihren flachen Händen wie folgt auf die Oberschenkel:
Bei „Mitte" klatscht man mit beiden Händen auf die eigenen Oberschenkel und bei „rechter" mit der linken Hand über die eigene Körpermitte auf den Oberschenkel des rechten Nachbarn oder bei „linker" mit der rechten Hand auf den Oberschenkel des linken Nachbarn. Bei „Kreuz" werden die Arme vor dem Körper gekreuzt, sodass die linke Hand auf den rechten Oberschenkel schlägt und die rechte Hand auf den linken Oberschenkel. Bei „Klatsch" werden die Hände über dem Kopf zusammengeklatscht. Es sollte zunächst langsam angefangen werden und je nach Gelingen das Tempo und evtl. auch die Lautstärke gesteigert werden.

Sprechgesang:

„Mitte, Mitte, rechter, rechter.
Mitte, Mitte, linker, linker.
Mitte, rechter, Mitte, linker,
Mitte, Kreuz, Mitte, Klatsch."

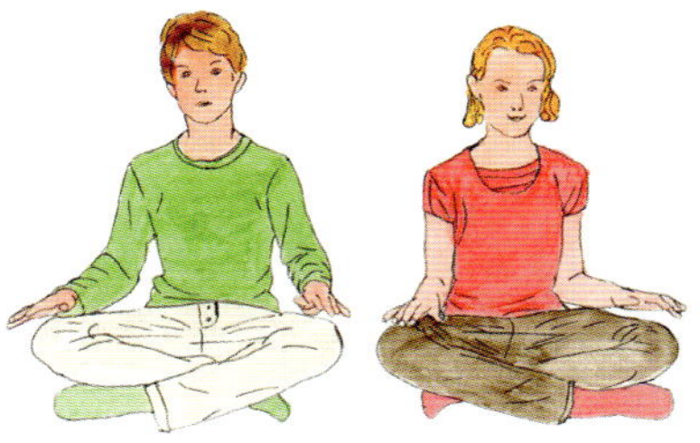

„Mitte"

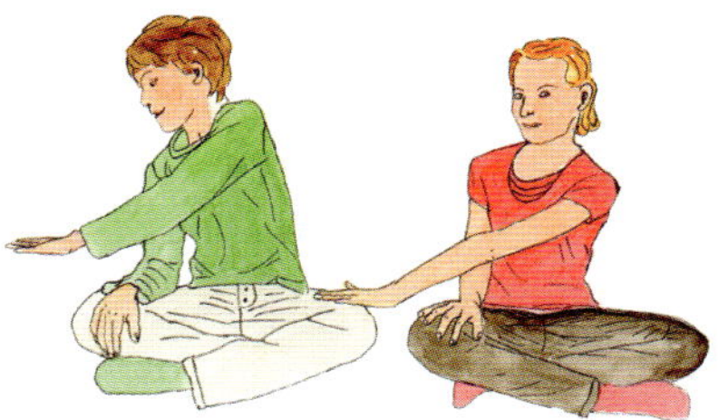

„Rechter Nachbar"

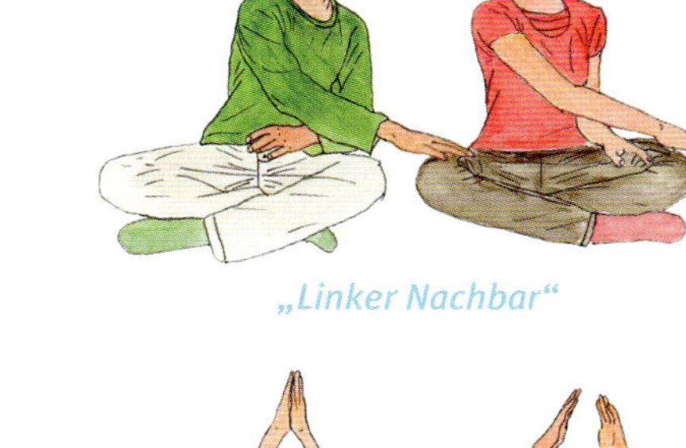

„Linker Nachbar"

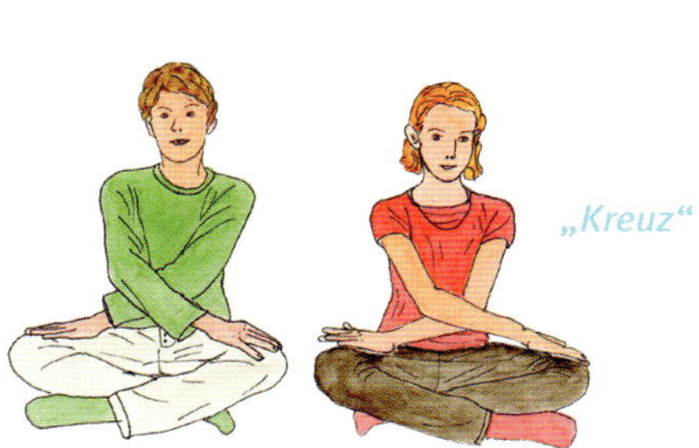

„Kreuz"

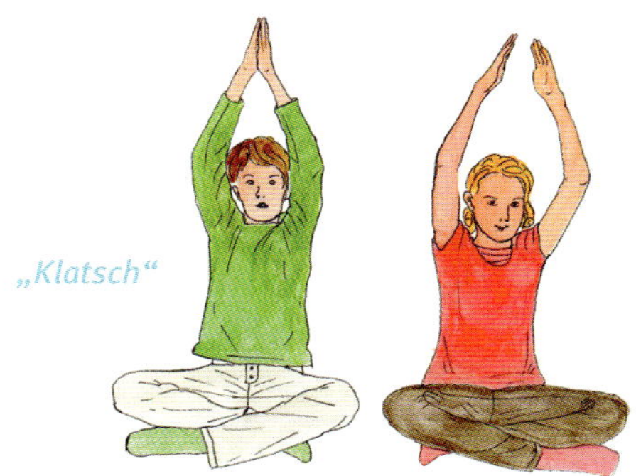

„Klatsch"

3.8 Bröchten belegen im Lotussitz

» *Bodenspiel / Gruppenspiel*

Abspreizen der Beine
Beckenaufrichtung
ISG-Beweglichkeit
Fußaufrichtung

Die Kinder sitzen auf dem Boden, umgreifen ihre Fußfesseln und versuchen den Rücken über das Ziehen an den Beinen soweit wie möglich gerade zu machen.
Während der Übung müssen sie ihre Fußfesseln loslassen und trotzdem versuchen, so gerade wie möglich zu sitzen.
„Oh, hab` ich einen Hunger! Lasst uns Brötchen belegen!"
Die Kinder werden dazu aufgefordert, mit beiden Händen ihre Füße so zu drehen, dass die Fußsohlen möglichst weit nach oben zeigen. Mit beiden Händen wird so getan, als ob man die Fußsohlen mit Butter beschmieren würde, danach wird „Schwung" geholt, beide Arme nach oben, und dann legen die Kinder eine Scheibe Käse, Wurst, Gurke, Tomate o. ä. darauf.
Bei den Worten „Ess` ich gleich auf!" wird erst der eine, danach der andere Fuß mit beiden Händen näher an den Mund herangezogen und das Aufessen simuliert.

Sprechgesang:
„Brötchen schmieren, Brötchen schmieren,
gute Butter oben drauf,
eine Scheibe Käse oben auf.
Mhmmm, lecker! Ess' ich gleich auf!"

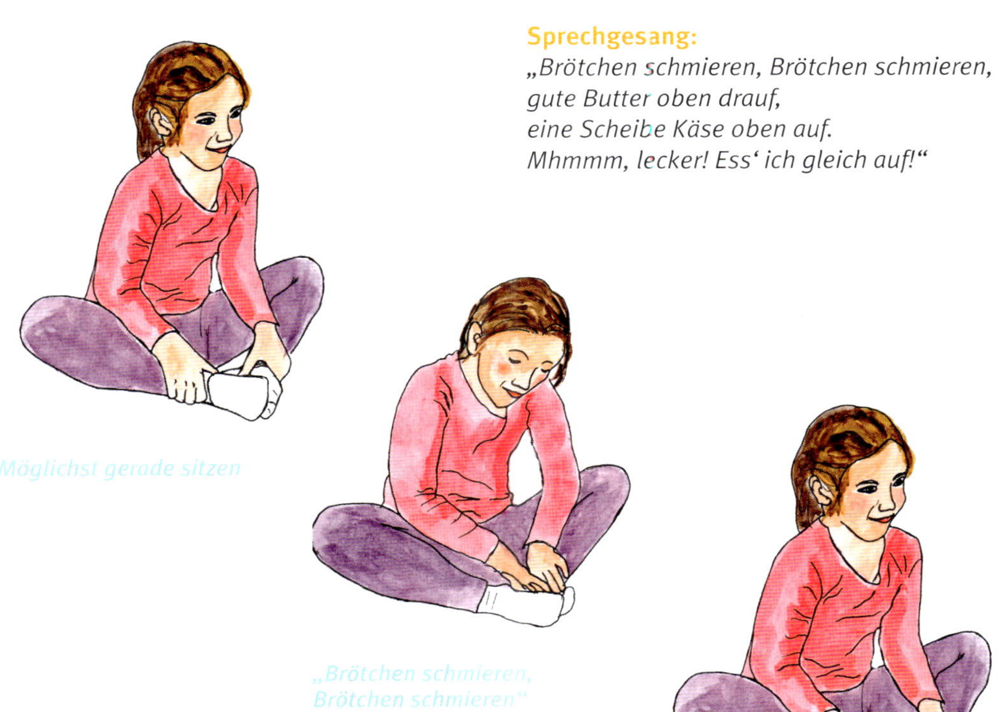

Möglichst gerade sitzen

„Brötchen schmieren, Brötchen schmieren"

Schwungholen für den Belag

4 Bewegungsgeschichten in der Turnhalle

4.1 Oben auf dem Dach

» *Geschicklichkeitsspiel*

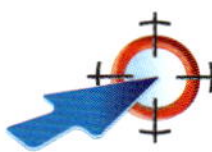

Gleichgewichtstraining, Ausgleichsbewegungen, Ausgleich zwischen Beuge- und Strecktonus, Rotation, Abduktion und Außenrotation der Beine, Schulterstärkung

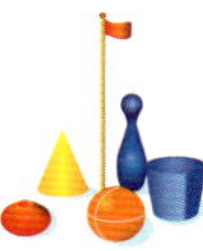

Zwei Kästen (fünf Etagen), vier kleine Kästen sowie zwei Weichböden und zwei bis vier Springseile zum Knoten und mindestens ein Tau oder ersatzweise auch Springseile zum Hochziehen und acht Turnmatten zum Absichern (für jeweils sechs Kinder)

Vorbereitung: Die Kästen werden hintereinander gestellt und die Weichböden quer rechts und links angelehnt. Je nach Art der Weichböden werden sie oben oder seitlich an den Griffen mit den Seilen gut miteinander verknotet, sodass sie nicht weiter auseinander rutschen können und das ganze Gebilde einem Spitzdach ähnelt. Die Turnmatten werden zur Absicherung rundherum platziert. Das dicke Tau hängt entweder zu beiden Seiten herab, sodass von jeder Seite gleichzeitig ein Kind nach oben klettern kann. Oder es wird in der Mitte an den Weichböden befestigt, sodass es nicht verrutschen kann.
Bei jüngeren Kindern ist es auch möglich, dass man eine Turnbank umdreht und nun links und rechts der Länge nach feste Turnmatten anlehnt, die paarweise an den Griffen miteinander verbunden werden, sodass sie nicht mehr auseinander rutschen können.
Bevor mit der Bewegungsgeschichte begonnen wird, ist es sinnvoll, mit den Kindern die verschiedenen Fortbewegungsmöglichkeiten auf dem Hallenboden auszuprobieren: Schinkengang, Kniestand, Krebsgang.

Der Spielleiter erzählt die Begleitgeschichte, während die Schüler die Aktionen schauspielerisch darstellen.

Begleitgeschichte:

Erzähltext: Max und Marie sind alleine zuhause und langweilen sich etwas. Sie streifen durch das Haus und landen auf dem Dachboden.
Aktion: Die Kinder gehen und schlendern um das „Spitzdach“ frei in der Halle umher.

Erzähltext: Zu ihrer Überraschung hängt ein Seil aus der Dachbodenluke herab, mit dem man sich an einem schräg abfallenden Dachbalken bis auf das Dach hinaufziehen kann. Die Gelegenheit lassen sie sich nicht entgehen. Auf das Dach wollten sie immer schon mal hinauf. Sie packen das Seil und Hand über Hand und Schritt für Schritt ziehen sie so lange bis sie oben auf dem Dach sind.
Aktion: Die Kinder packen das Tau und klettern mit dessen Hilfe auf das „Weichbodenspitzdach“ hinauf.

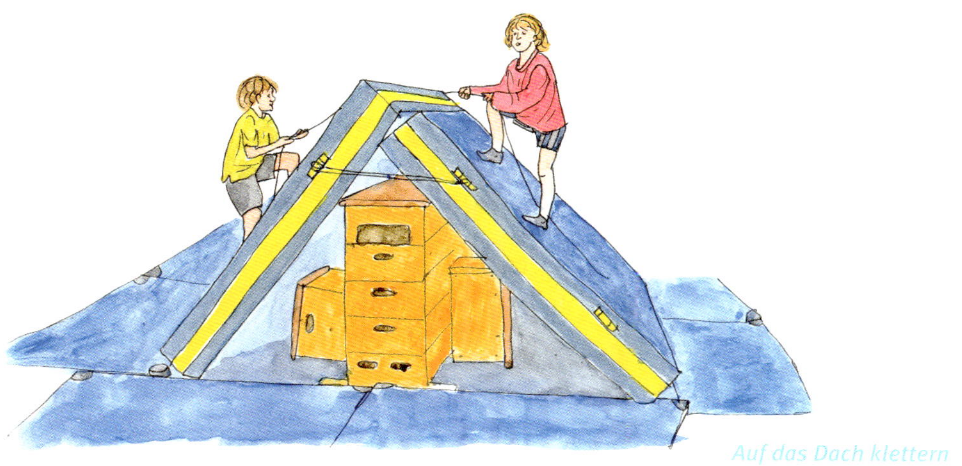

Auf das Dach klettern

Erzähltext: Oben angekommen, kriegen sie einen großen Schreck. Der Wind pustet so stark, dass sie fast vom Dach geweht werden. Kräftig lehnen sie sich dem Wind entgegen und machen ihre ersten Schritte hinaus auf das Dach.
Aktion: Die Kinder versuchen auf den Schrägen des „Spitzdaches" verschiedene Ausgleichsbewegungen zu machen, um sich dem „Wind" entgegenzustemmen.

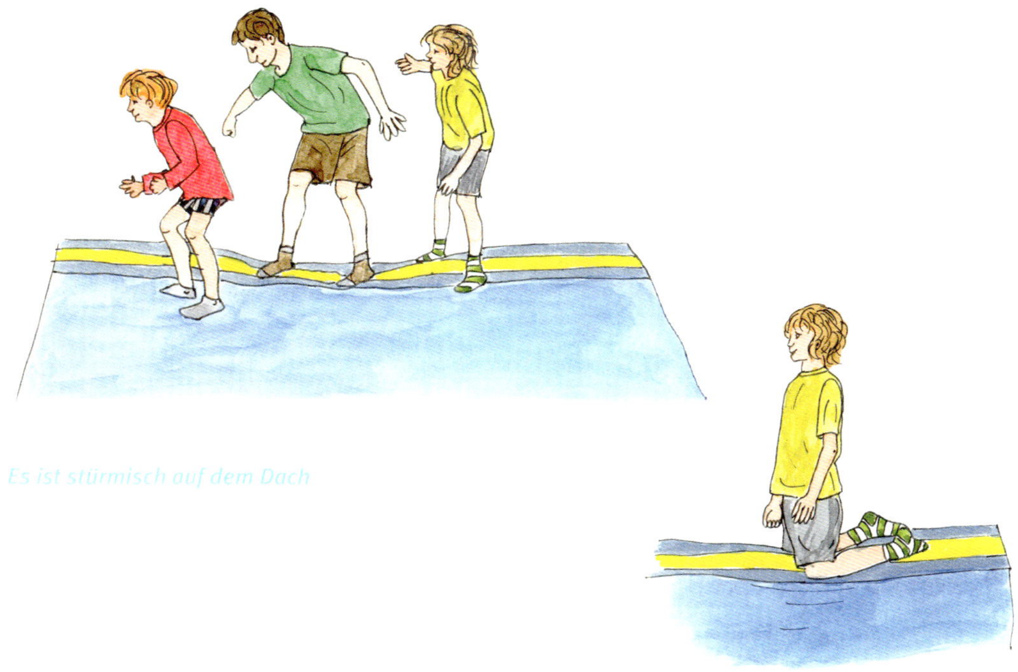

Es ist stürmisch auf dem Dach

Im Kniestand ist es sicherer

Erzähltext: Doch der Wind pustet immer stärker und zwingt die Kinder sich auf die Knie niederzulassen. Rechts und links von dem Spitzdach klemmen sie ihre Knie fest und können sich so aufrichten, um erst einmal Ausschau über die Stadt zu halten.
Aktion: Die Kinder setzen sich im beschriebenen Kniestand auf den „Dachfirst".

Erzähltext: Sie schirmen mit einer Hand ihre Augen ab und schauen erst einmal rundherum. Weit hinten können sie den Kirchturm entdecken und wenn sie sich zur anderen Seite wenden, entdecken sie die Schule und das Schwimmbad.
Aktion: Im Kniestand nehmen die Kinder eine Hand an die Stirn zum Ausschauhalten und rotieren dabei mit ihrem Oberkörper nach rechts und links um die eigene Achse. Die Beine bleiben fest um den Dachfirsten geklemmt.

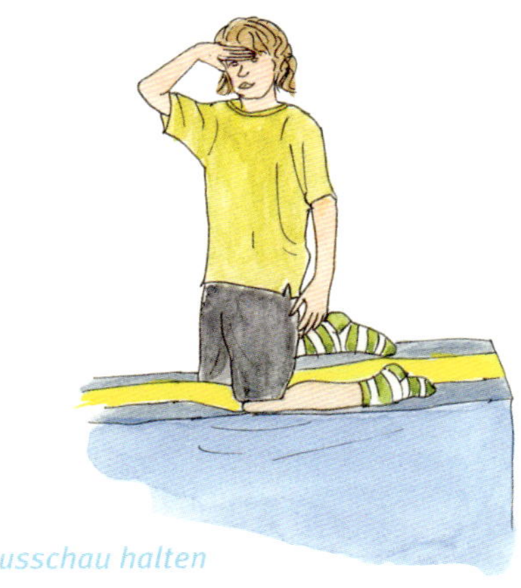

Ausschau halten

Erzähltext: Der Wind lässt ein wenig nach und Marie und Max versuchen, ein wenig weiter auf dem Dach herumzukommen. Hierbei probieren sie auf den schrägen Dachflächen ganz verschiedene Fortbewegungsmöglichkeiten vorwärts und rückwärts aus. Max probiert den Schinkengang aus, Marie den Krebsgang. Danach krabbeln, robben und kriechen sie über die Schrägen des Daches.
Aktion: Die Kinder versuchen sich auf verschiedene Arten vorwärts und rückwärts zu bewegen, z. B. im Schinkengang, im Krebsgang oder krabbelnd, robbend und kriechend. Es darf alles gemacht werden, was den Mitspielern einfällt.

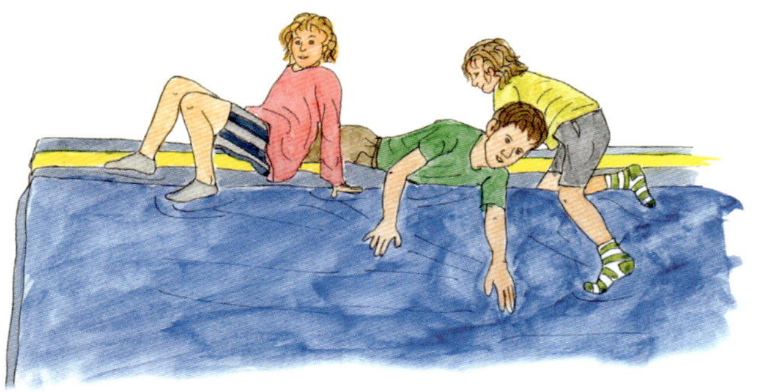

Verschiedene Fortbewegungsarten

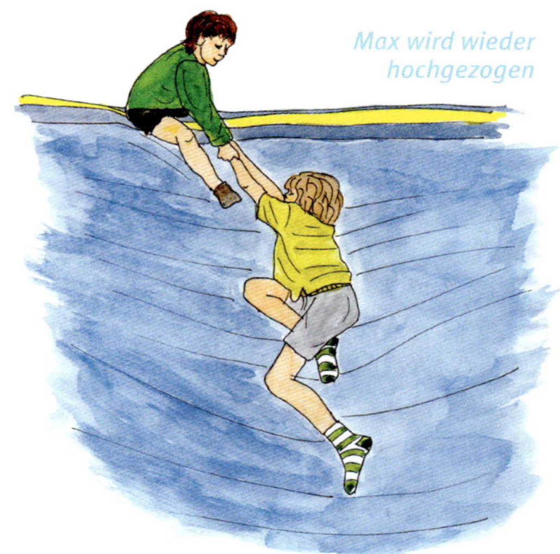

Max wird wieder hochgezogen

Erzähltext: Max wird ein wenig übermütig. Er lehnt sich soweit zur Seite, dass er das Gleichgewicht verliert und auf dem Bauch rutschend das Dach herunterrutscht. Zum Glück ist Marie ganz schnell. Sie packt ihn an den Händen (oder Füßen) und zieht ihn vorsichtig wieder auf den Dachfirst hinauf.
Aktion: Ein paar Kinder rutschen in Bauchlage mit den Füßen oder dem Kopf voran die Schräge herunter und die anderen Mitspieler sollen sie mit vollem Körpereinsatz wieder bis auf den Dachfirsten ziehen.

Erzähltext: Max und Marie finden es ganz lustig auf dem Dach. Sie rufen vorübergehenden Spaziergängern zu, dass sie ihnen verschiedene Sachen auf das Dach hinauf werfen, die sie dann versuchen zu fangen. Z.B. Bälle oder „etwas zu trinken oder zu essen".
Aktion: Der Spielleiter und die andere Kinder werfen den Kindern auf dem Dach Bälle oder Ringe zu, die die Kinder fangen.

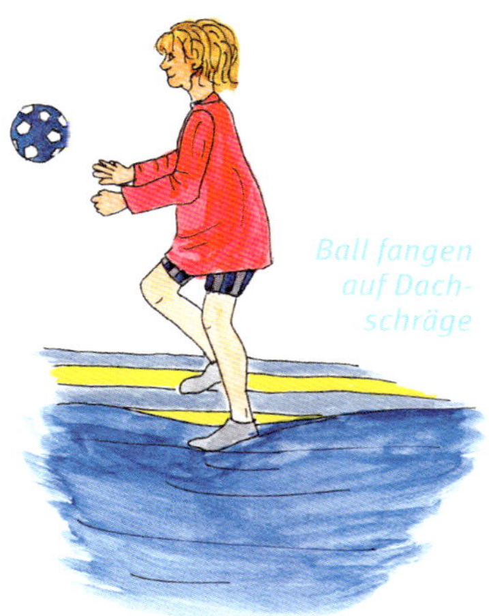
Ball fangen auf Dach-schräge

Erzähltext: Die Eltern kommen nach Hause und Max und Marie versuchen auf dem schnellsten Weg nach unten zu kommen.
Aktion: Die Kinder rutschen auf beliebige Art und Weise von den Weichböden nach unten.

4.2 Flugzeugreise

» ***Koordinationsspiel***

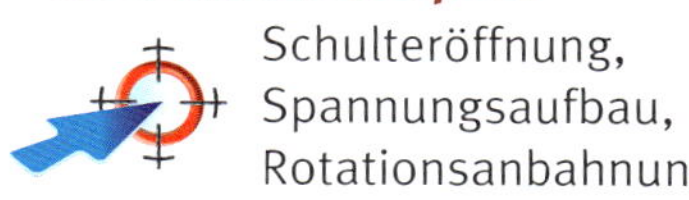

Schulteröffnung,
Spannungsaufbau,
Rotationsanbahnung

Vorbereitung: Die Kinder stellen sich in Zweier- oder Dreierreihen hintereinander auf. Sie sollten immer etwas Abstand voneinander haben.
Der Spielleiter erzählt von den Vorbereitungen zu einer Flugzeugreise und einem nachfolgendem Rundflug. Die Kinder haben die Aufgabe, sich in die Rolle des Flugbegleiters zu versetzen und die Geschichte mit entsprechenden Bewegungen zu begleiten. Hierzu ist es sinnvoll, den Kindern während des Erzählens die Bewegungen vorzumachen, sodass sie sie nur nachmachen müssen, oder aber man studiert die Bewegungsfolge schon vorher mit den Kindern ein.

Der Spielleiter erzählt die Begleitgeschichte, während die Schüler die Aktionen schauspielerisch darstellen.

Begleitgeschichte:

Erzähltext: Das Flugzeug steht noch auf dem Rollfeld. Die Passagiere haben ihre Sitze eingenommen und ihr seid nun die Flugbegleiter und habt noch ein paar Vorbereitungen zu treffen bevor die Flugreise losgehen kann.
Aktion: Aufrechter Stand, Arme weit ausgebreitet, Daumen zeigen nach oben

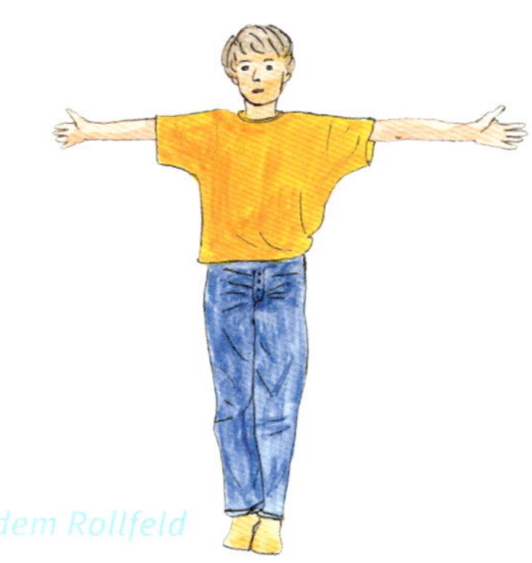
Das Flugzeug steht noch auf dem Rollfeld

Erzähltext: Einige Fensterjalousien klemmen und müssen noch geöffnet werden. Drei Jalousien auf der rechten Seite und drei weitere auf der linken Seite werden im Wechsel mit großen Anstrengungen nach oben geschoben.
Aktion: Die Füße bleiben nach vorn gerichtet stehen, nur mit dem Oberkörper zur Seite wenden – rechts und links im Wechsel – und mit gebeugten Armen so tun, als wolle man die Jalousien nach oben schieben.

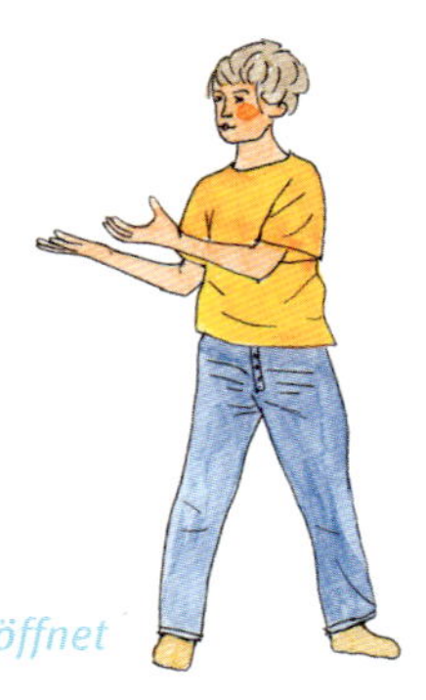
Jalousien werden geöffnet

Erzähltext: Nun muss noch die Falttür, welche die Kombüse von den Passagieren trennt, geschlossen werden. Auch diese klemmt und will nicht beim ersten Versuch ins Schloss einhaken. Daher muss die Tür ständig auf und zu gemacht werden und schließlich halten wir sie lange und mit großer Kraftanstrengung in der Mitte zusammen.
Aktion: Mit nach vorn gestreckten Armen wird vor dem Körper die Falttür in mehreren Anläufen zusammengedrückt; beim Schließen zeigen die Daumen nach oben (Supination), beim Öffnen nach unten (Pronation).

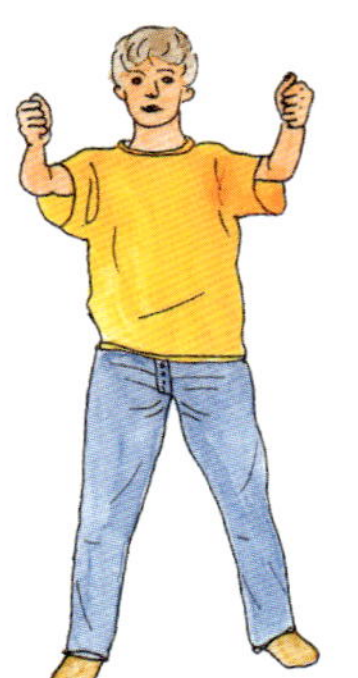
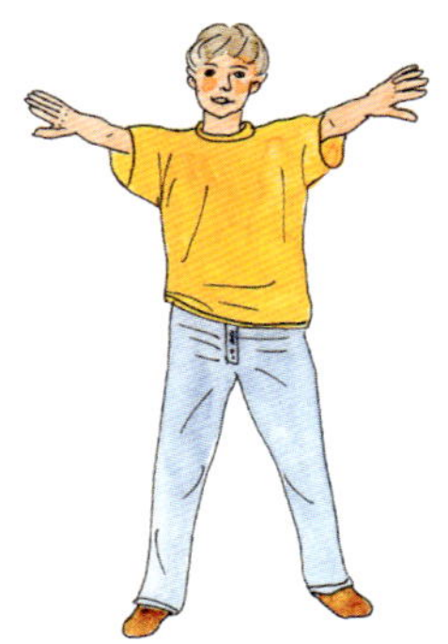
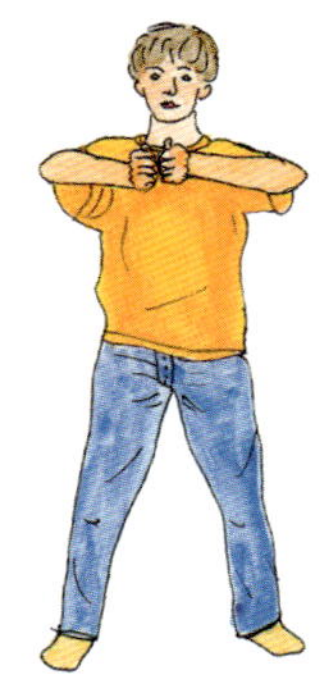
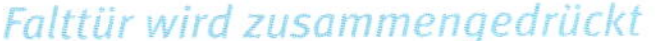
Falttür wird zusammengedrückt *Klemmende Falttür wird geöffnet* *...und zusammengehalten*

Erzähltext: Bevor das Flugzeug endlich starten kann, müssen noch die Fahrwerke überprüft werden.
Aktion: Abwechselnd werden die Beine nach vorne angehoben und Kreise beschrieben wie bei einem Pferd, welches mit den Hufen auf dem Boden kratzt.

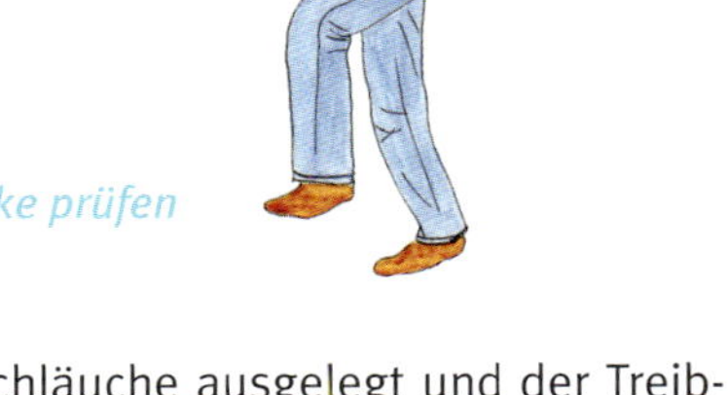
Fahrwerke prüfen

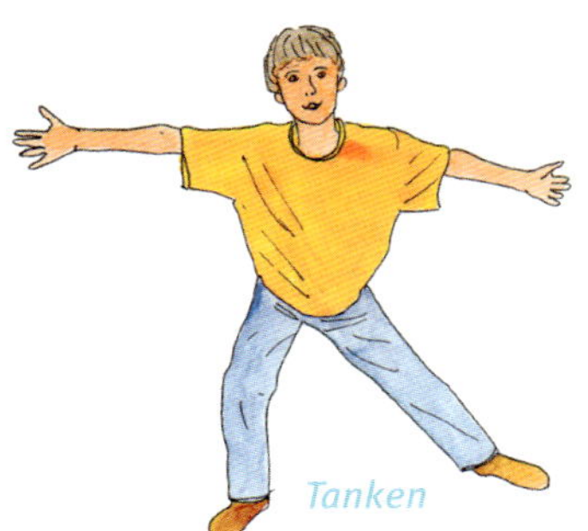
Tanken

Erzähltext: Nun werden die Schläuche ausgelegt und der Treibstoff kann getankt werden. Zuerst wird der rechte Flügel betankt und dann der linke.
Aktion: Abwechselnd werden die Beine weit zur Seite abgespreizt.
Erzähltext: Nun müssen nur noch die Scheiben beim Cockpit ge-

wischt werden.
Aktion: Die Arme werden gebeugt und gleichzeitig nach rechts und nach links zu den Seiten geneigt.

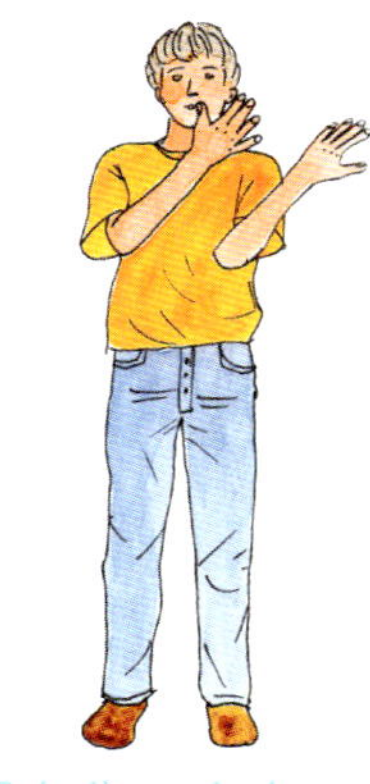

Scheibenwischer

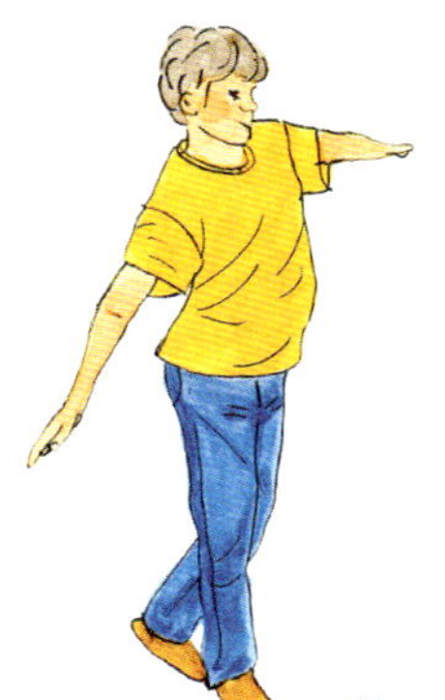

Flugzeug hebt ab und fliegt los

Erzähltext: Der Tower gibt das Startsignal „Frei zum Starter". Das Flugzeug rollt auf die Startbahn. Es rollt erst langsam und dann immer schneller bis es schließlich vom Boden abhebt und durch die Luft fliegt. Zuerst fliegt es eine gerade Strecke, aber schon kurz danach fliegt es viele Kurven.
Aktion: Mit ausgestreckten Armen laufen die Kinder durch die Halle, mal gerade Strecken und dann auch wieder im Kreis nach rechts und links im Wechsel und mal hoch auf Zehenspitzen und mal tief in der Hocke.

Erzähltext: Schließlich setzt es zur Landung an.
Aktion: Die Kinder sollen sich flach auf den Bauch legen und für einen kurzen Moment inne halten.

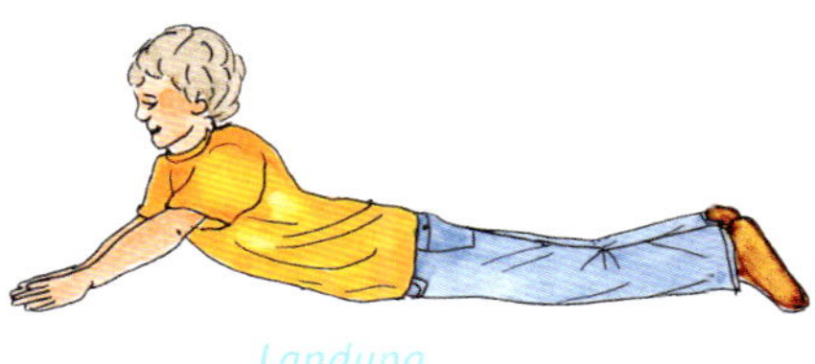

Landung

5 Klassenraumübungen

Häufig ist es nicht möglich, mit den Schülern in die Turnhalle zu gehen, um dort für eine kurze turnerische Unterbrechung die Konzentrationsfähigkeit wieder zu stärken. Daher ist es sinnvoll, auch während des normalen Unterrichts im Klassenraum mit den Kindern spielerisch Bewegungsübungen zwischendurch durchzuführen. Nachfolgend werden kurze Bewegungseinheiten beschrieben, welche die Konzentrationsfähigkeit der Kinder in Verbindung mit der Aufrichtung fördern.

Insbesondere das Sitzen mit lang gestrecktem Rücken, einem leicht nach vorn gekippten Becken und leicht gegrätschten Beinen ist für viele der heutigen Kinder nicht mehr möglich. Stattdessen sitzen sie mit rundem durchgedrückten Rücken, nach hinten gekipptem Becken halb auf dem Steiß und wickeln ihre Beine um die Stuhlbeine oder strecken sie weit von sich aus. Diese Art des Sitzens verursacht bei diesen Kindern mit der Zeit jedoch Schmerzen und Unbehagen in der Leistengegend, im Bereich des Steiß, der Lendenwirbelsäule und der oberen Halswirbelsäule, sodass sie immer wieder versuchen, die Position zu wechseln und es zu einem sehr unruhigem Sitzverhalten kommt. Hinzu kommt noch, dass sie aufgrund des durchgedrückten Rundrückens nicht in der Lage sind, ihren Oberkörper unabhängig vom Becken zu den Seiten zu verdrehen. Sobald sie sich nach rechts oder links drehen wollen, müssen sie immer gleich auch mit dem Po und den Beinen mitrutschen.

Das aufrichte Sitzen auf den Sitzhöckern im sogenannten Langsitz ist jedoch für eine Entlastung des Rückens vom Steiß bis hinauf zur Halswirbelsäule sowie für den Übergang von Hals zum Kopf im Bereich des Kopfgelenkes sehr wichtig. Kommt es zu Verspannungen und Störungen in diesen Bereichen, ist die Wahrnehmung der betroffenen Kinder verändert und die Aufmerksamkeit eingeschränkt. Die resultierenden sensomotorischen Störungen, die zunächst in der Grobmotorik zu beobachten sind, lassen sich jedoch auch in der Feinmotorik, in der Graphomotorik und sogar bei vielen Kindern in den Augenbewegungen und in der Augenstellung wiederfinden.

Die folgenden Übungen im Klassenraum auf dem Stuhl eignen sich dazu, die Verspannungen der Kinder, die sich während des Sitzens mit schlecht aufgerichtetem Becken und Rücken manifestiert haben, nach und nach zu reduzieren. Neben der Kräftigung der Rücken- und Skelettmuskulatur erreicht man bei mehrwöchigem Wiederholen schließlich auch Verbesserungen in der Becken- und Schulteraufrichtung, die sich wiederum in einer größeren Konzentrationsfähigkeit widerspiegeln sowie in einer geringeren motorischen Unruhe, einer besseren Handmotorik und einem stressfreierem Lernverhalten.

5.1 Popo-Lauf

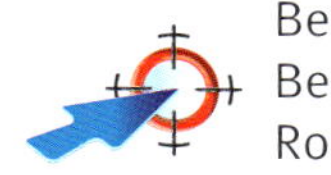

Beckenaufrichtung
Beckenbeweglichkeit
Rotationsanbahnung
Haltungsaufbau

Dies ist eine gute Basisübung für alle Kinder, die das Sitzen mit geradem Rücken und gleichzeitigem guten Bodenkontakt der Füße noch nicht beherrschen.
Die Kinder sitzen auf der vorderen Stuhlkante. Die Beine sind dabei leicht gespreizt und die Füße fest aufgestellt. Der Rücken soll möglichst gerade sein, wie ein „I“ aufgerichtet.
Die Sitzbeinhöcker lassen sich nun auf den harten Stühlen gut spüren. Damit die Kinder sie noch besser wahrnehmen, können sie aufgefordert werden, ihren Bauchnabel einzuziehen bzw. zu verstecken und dabei das Becken nach hinten abzusenken. Gleich im Anschluss sollen sie ihren Bauchnabel wieder zeigen und herausstrecken und dabei ein leichtes Hohlkreuz machen. Bei diesem Vor- und Zurückrollen des Beckens bilden die Sitzhöcker das Zentrum.
Beim Popo-Lauf „laufen“ die Kinder mit ihren Sitzhöckern über die Sitzfläche des Stuhls. Dabei wird im schnellen Wechsel das Gewicht leicht auf die eine Poseite verlagert und die andere Poseite nach hinten bzw. vorne geschoben ohne mit dem Oberkörper zu schwanken. Begonnen wird nach hinten.
Nach mehreren Vor- und Zurückläufen wird der Popo-Lauf vorne an der Stuhlkante beendet als Sitzposition für eine nachfolgende Übung, wie “Fußgewitter“, „Antenne ausfahren“ etc.

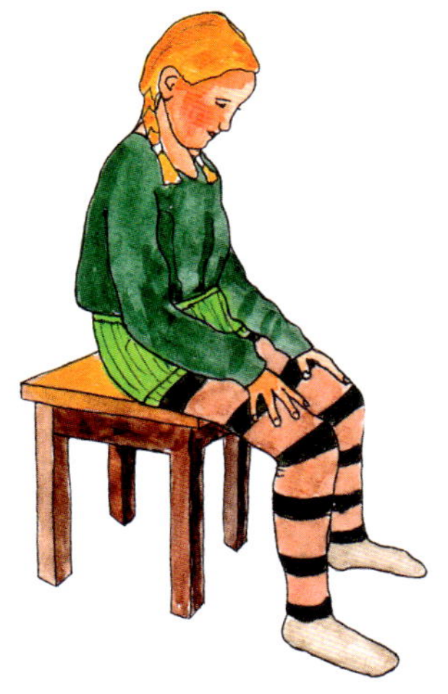

Becken nach hinten absenken

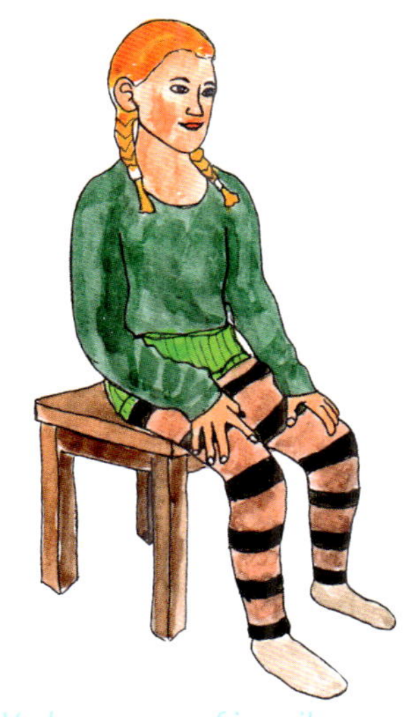

Verlagerung auf jeweils einen Sitzbeinhöcker

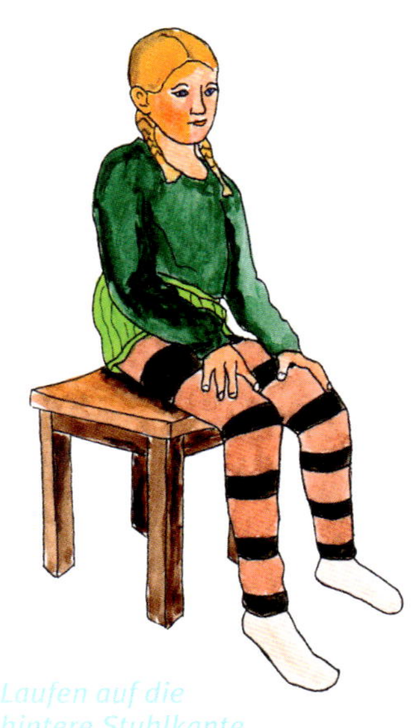

Laufen auf die hintere Stuhlkante

5.2 Fußgewitter und der Sonne den Bauch kitzeln

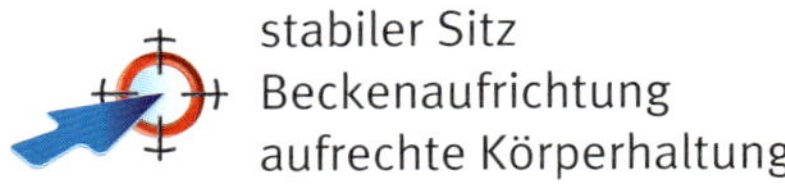

stabiler Sitz
Beckenaufrichtung
aufrechte Körperhaltung

Dies ist eine gute Basisübung für alle Kinder, die das Sitzen mit geradem Rücken bei gleichzeitig gutem Bodenkontakt mit den Füßen noch nicht beherrschen.
Die Kinder sitzen auf der vorderen Stuhlkante. Die Beine sind dabei leicht gespreizt und die Füße fest aufgestellt. Mit den Füßen wird ein Starkregen trampelnd auf dem Boden nachgeahmt. Die Arme werden mitbewegt. Zwischendurch können alle die Hände zusammenklatschen, um Blitze zu simulieren.
Auf ein Zeichen des Spielleiters sollen die Kinder abrupt innehalten. Sie konzentrieren sich auf den Bodenkontakt, der unbedingt bleiben soll. Das Kribbeln in den Unterschenkeln verstärkt die Wahrnehmung für den guten Fuß-Boden-Kontakt.
Nun recken sie die Arme nach oben, um die Wolken auseinanderzuschieben und anschließend der Sonne den Bauch zu kitzeln.
Der Wechsel zwischen Aktion und Innehalten sowie zwischen laut und leise baut eine Spannung und Konzentration bei den Kindern auf und ermöglicht damit besonders den haltungsschwachen Kindern eine gute Motivation wenigstens kurzzeitig eine starke Spannung und damit eine gute Haltung aufzubauen.

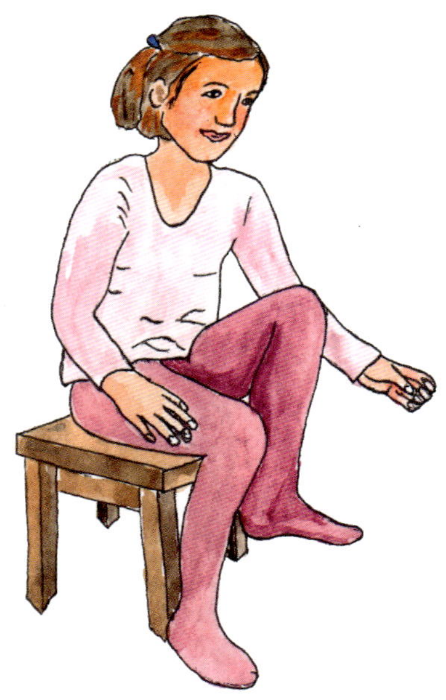

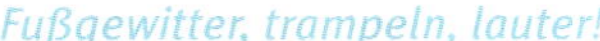

Fußgewitter, trampeln, lauter!

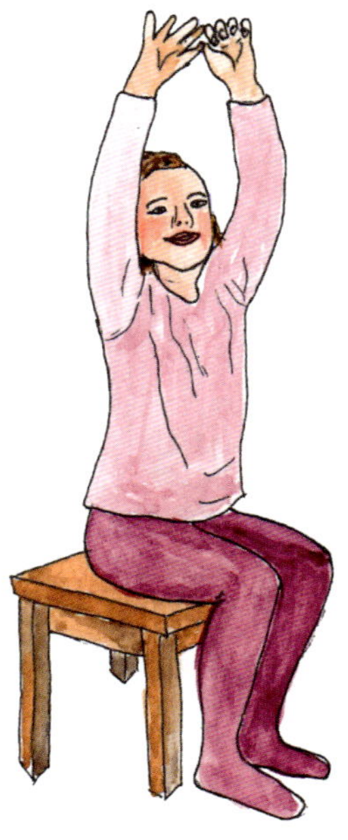

Wolken auseinanderschieben und der Sonne den Bauch kitzeln.

In der Wiederholung:

Kurz horchen, ob es schon ausgereicht hat und innehalten.
“Kommt die Sonne schon zum Vorschein?“
„Nein!“
„Na, dann müssen wir die Sonne wohl mal während des Gewitters kitzeln!“
Mit den Füßen wird erneut Gewitter durch Trampeln auf den Boden simuliert und die Arme werden dieses Mal gleich soweit es geht noch oben über den Kopf gestreckt und so getan, als würde man der Sonne den Bauch kitzeln. In der Wiederholung bleiben die Arme über dem Kopf gestreckt als Steigerung zum ersten Durchgang.

5.3 Recken, Strecken und Abhängen/Aufstehen – Ach, nee, doch nicht!

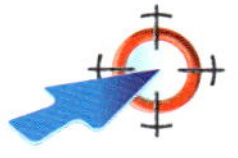

Wirbelsäulenaufrichtung
Atmung
Dehnung der LWS
Beckenaufrichtung

Sitzkreis auf Stühlen: Die Kinder sitzen auf der vorderen Stuhlhälfte. Die Beine sind dabei leicht gespreizt und die Füße fest aufgestellt. Wir werden wach und recken und strecken unsere Arme hoch über den Kopf. Hierbei werden abwechselnd die Arme immer weiter nach oben gestreckt, sodass der Rumpf seitlich nach und nach weiter gedehnt wird. Mit dem Ausruf: „Ach, nee, doch nicht!“, lassen sich die Kinder nach vorne zwischen ihre Beine absinken und seufzen: „Ohhhh!“.
Zum Aufrichten werden die Füße fest auf den Boden gedrückt.

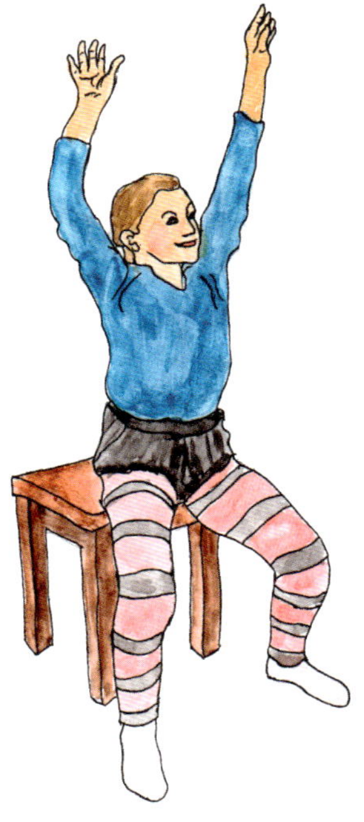

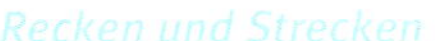

Recken und Strecken

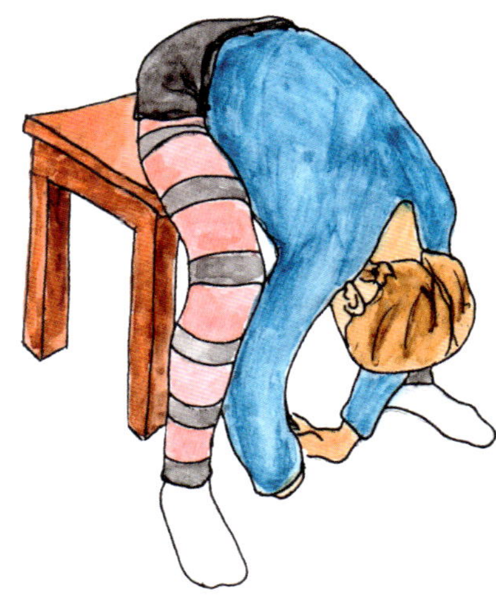

„Ach nee doch nicht! Ohhhh!“

5.4 Brötchen belegen

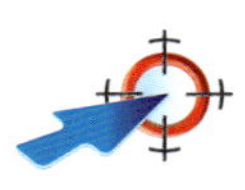

Abspreizen der Beine
Beckenaufrichtung
Fußaufrichtung
ISG-Beweglichkeit

Die Kinder sitzen auf der vorderen Stuhlhälfte. Das eine Bein wird gebeugt und wie beim Schneidersitz über das andere gelegt. Der Fuß des gebeugten Beins liegt auf dem Knie des aufgestellten Beins auf.
„Oh, hab` ich einen Hunger! Lasst uns Brötchen belegen!"
Die Kinder werden dazu aufgefordert, mit der einen Hand ihren Fuß so zu drehen, dass die Fußsohle nach oben zeigt. Mit der anderen Hand wird so getan, als ob man die Fußsohle mit Butter beschmieren würde und danach mit einer weit ausholenden Geste eine Scheibe Käse darauflegt.
Bei den Worten „Ess ich gleich auf!" wird der Fuß mit beiden Händen näher an den Mund herangezogen. Danach wird die Abfolge mit der anderen Körperseite bzw. mit dem anderen Bein wiederholt und evtl. mit einer Scheibe Salami oder Gurke oder etwas anderem belegt.

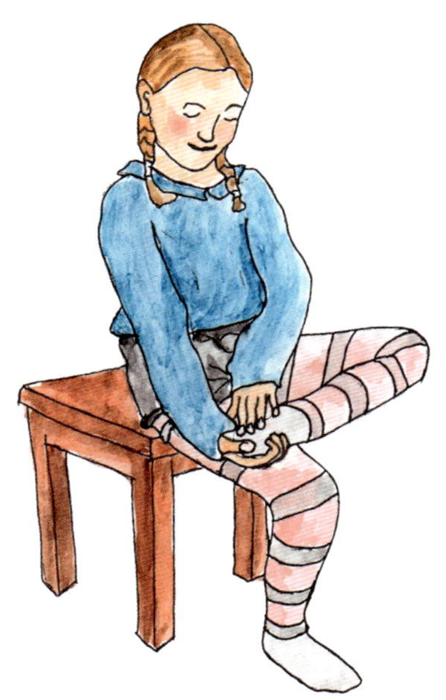

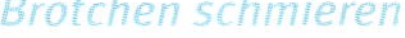

Brötchen schmieren

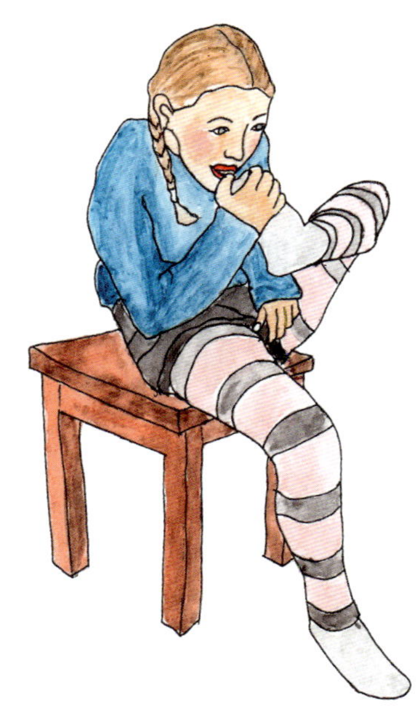

Mmmmh, lecker! Ess' ich gleich auf!

*„Brötchen schmieren, Brötchen schmieren,
gute Butter obendrauf, eine Scheibe Käse obenauf.
Mhmmm, lecker! Ess' ich gleich auf!"*

5.5 Luftballon spielen

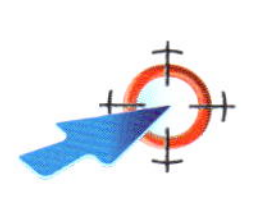

vertiefte Atmung
zur Ruhe kommen
Körpergefühl
Entspannung
Konzentration

Die Kinder sitzen auf der vorderen Stuhlkante. Die Beine sind dabei leicht gespreizt und die Füße fest aufgestellt. Der Rücken soll möglichst gerade sein, wie ein „I" aufgerichtet. Es wird ein leichtes Doppelkinn gemacht.
Nun haben die Kinder die Aufgabe, ihren Bauch wie einen Ballon möglichst weit aufzupusten, dazu wird tief in den Bauch eingeatmet. Der Bauch soll sich dabei nach außen wölben. Zum Ausatmen wird mit einem Finger als „Nadel" ein „Loch in den Ballon gepiekt", sodass Luft langsam entweichen kann. Die Kinder lassen hörbar durch leicht geöffnete Lippen Luft aus dem Bauch ausströmen – soweit, bis es nicht mehr geht. Danach wird wieder kraftvoll eingeatmet.
Diese Übung darf nicht zu oft wiederholt werden, da es sonst zu Schwindel kommen kann.

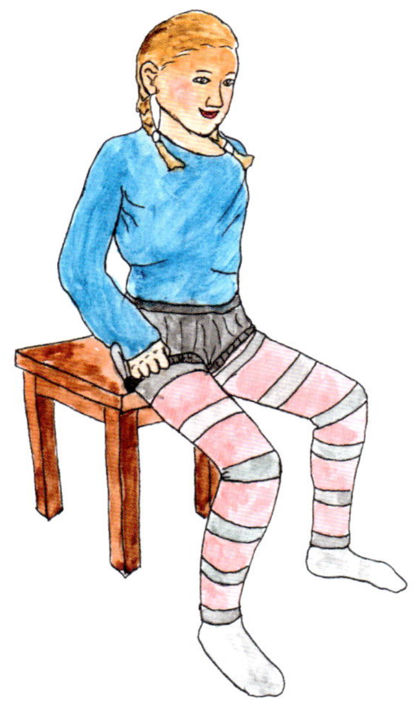

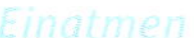
Einatmen

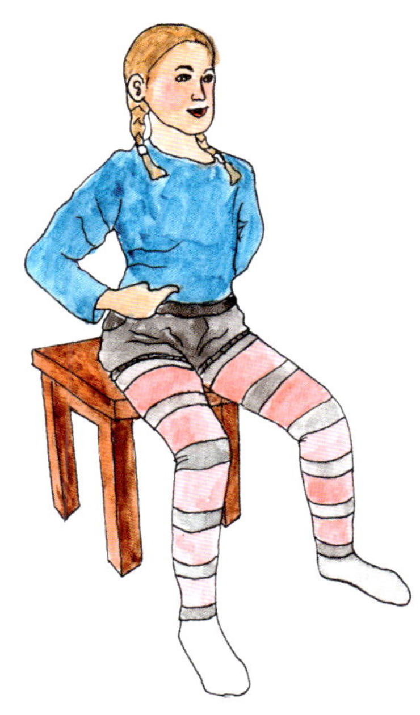

„Ballon anpieksen" und Luft langsam ausatmen

5.6 Das hast Du gut gemacht!

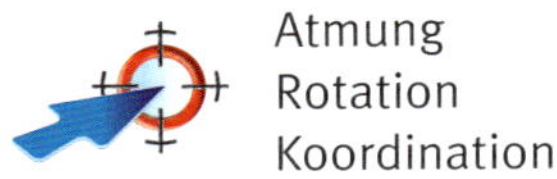

Atmung
Rotation
Koordination

Die Kinder sitzen auf der vorderen Stuhlhälfte. Die Beine sind dabei leicht gespreizt und die Füße fest aufgestellt. Der Rücken soll möglichst gerade sein, wie ein „I“ aufgerichtet. Die Kinder werden aufgefordert, den einen Arm soweit es geht zur Decke zu strecken und sich dabei seitlich zu dehnen. Der gleiche Arm wird beim Herunternehmen über die Körpermitte auf die gegenüberliegende Schulter gelegt. Mit der verbalen Begleitung „Das hast du gut gemacht!“ wird die Schulter locker beklopft. Die Hand bleibt danach auf der Schulter liegen.
Mit dem anderen Arm werden das Hochstrecken, Kreuzen der Mittellinie und Beklopfen der anderen Schulter wiederholt. Beide Hände liegen nun auf den Schultern und die Arme sind vor der Brust überkreuzt. In dieser Haltung werden kleine Drehungen mit dem Oberkörper um die eigenen Achse nach rechts und links durchgeführt. Dabei loben die Kinder sich selbst.
Diese Übung kann auch im Stehen durchgeführt werden.

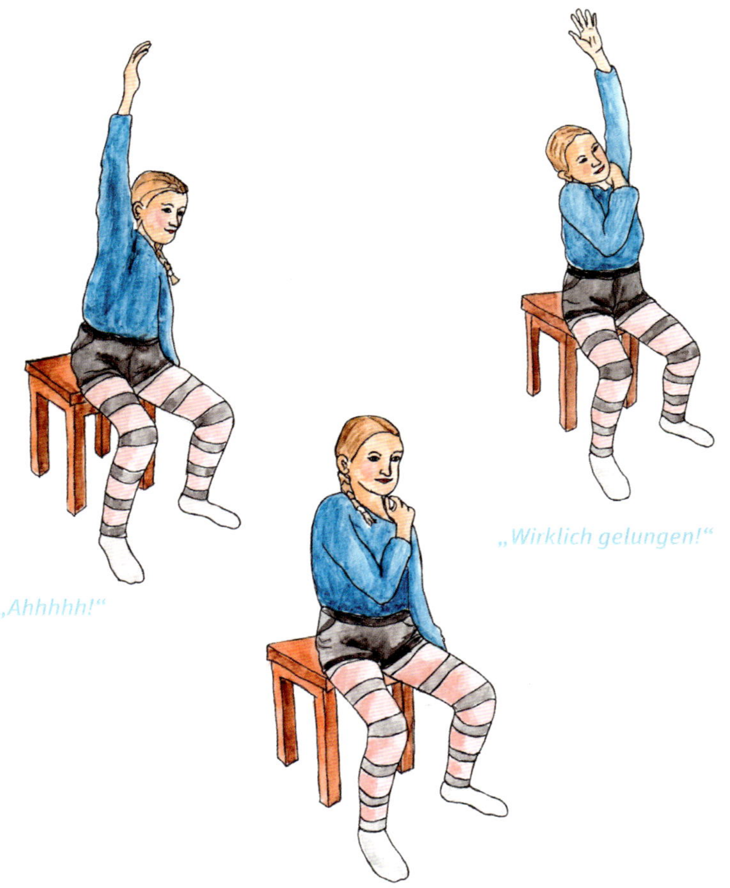

„Wirklich gelungen!“

„Ahhhhh!“

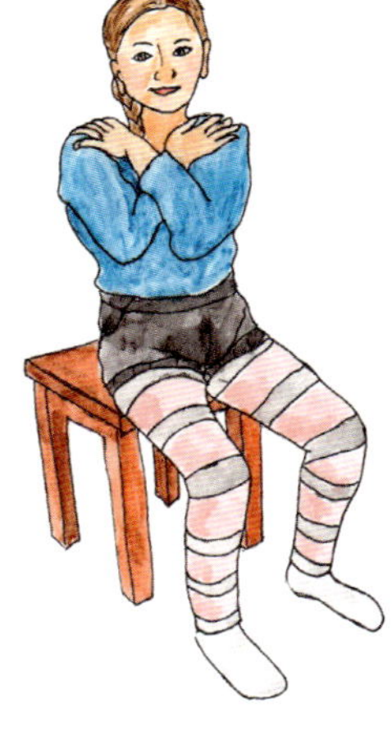

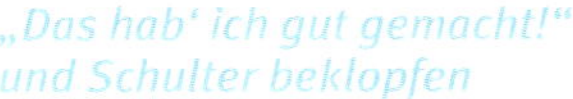

„Das hab' ich gut gemacht!“
und Schulter beklopfen

„Da bin ich sehr mit mir zufrieden“

5.7 Antennen ausfahren

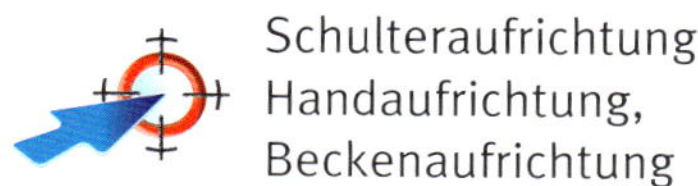
Schulteraufrichtung,
Handaufrichtung,
Beckenaufrichtung

Die Kinder sitzen auf der vorderen Stuhlkante und rücken so weit mit ihrem Stuhl von der Tischkante ab, dass sie gerade noch beim nach vorne Beugen mit geradem Rücken mit ihren Ellbogen die Tischplatte erreichen. Die Beine sind dabei leicht gespreizt und fest aufgestellt, damit man nicht vom Stuhl rutscht. Die Ellbogen werden auf der Tischplatte aufgesetzt. Die Hände werden in die Luft gehalten und gespreizt.
Nun werden die gespreizten Hände so stark zusammengedrückt, wie es möglich ist. Der Blick ist dabei auf die Tischplatte gerichtet. Bis fünf zählen lassen und die Anspannung wieder lösen.
Die gespreizten Hände werden zunächst langsam hin- und hergedreht (supiniert und proniert), sodass die Daumen 'mal nach außen und 'mal nach innen zeigen. Anschließend dürfen die Kinder die Hände so schnell es geht hin- und herdrehen. Der Blick soll dabei immer auf die Tischplatte gerichtet bleiben.

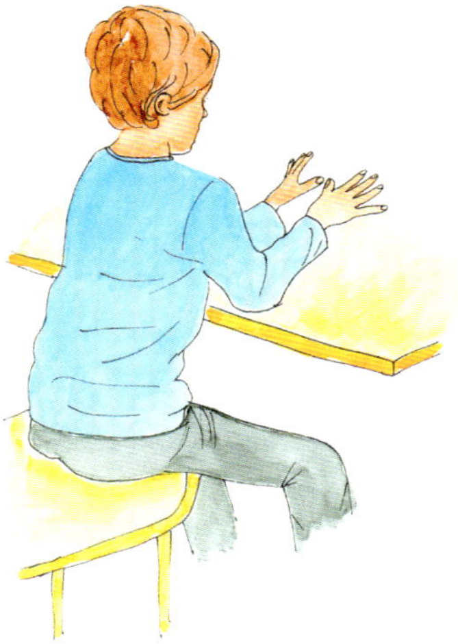

Antennen sind ausgefahren

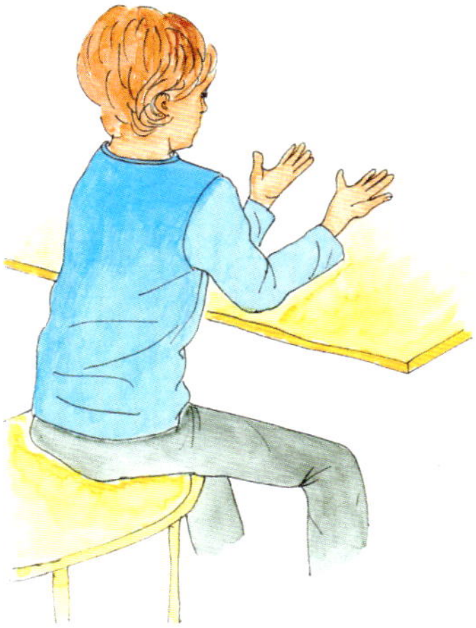

Antennen empfangen (Supination – Pronation)

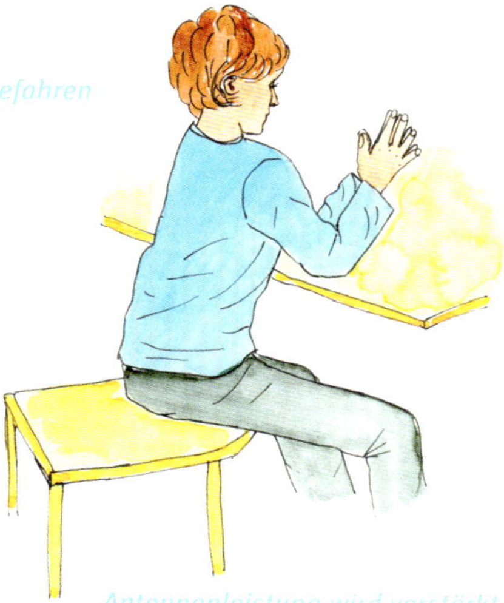

Antennenleistung wird verstärkt (Hände stark zusammendrücken)

5.8 Stampf – Stampf, Patsch – Patsch

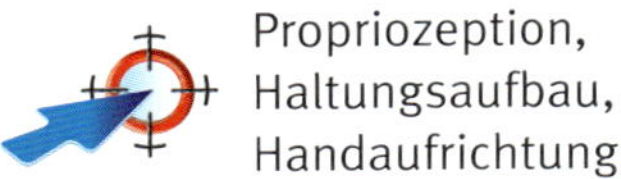
Propriozeption,
Haltungsaufbau,
Handaufrichtung

Vorbereitung: Die Kinder sitzen etwas abgerückt von ihren Tischen auf der Vorderkante der Stühle.

Erzähltext	Aktion	Abbildung
„Stampf, Stampf"	Mit den Füßen nacheinander fest auf den Boden stampfen.	
„Patsch, patsch"	Mit den Händen nacheinander auf die Oberschenkel schlagen.	
„Bauchnabel nach vorne"	Den Zeigefinger der rechten Hand in den Bauchnabel stecken und mit dem Bauch den Finger nach vorne schieben und dort belassen.	
„Brustbein heben"	Brustbein anheben, sodass man mit möglichst geradem Rücken sitzt.	

Erzähltext	Aktion	Abbildung
„Brustbein tippen"	Mit dem Zeigefinger der linken Hand auf das Brustbein tippen, als wolle man eine Medaille zeigen	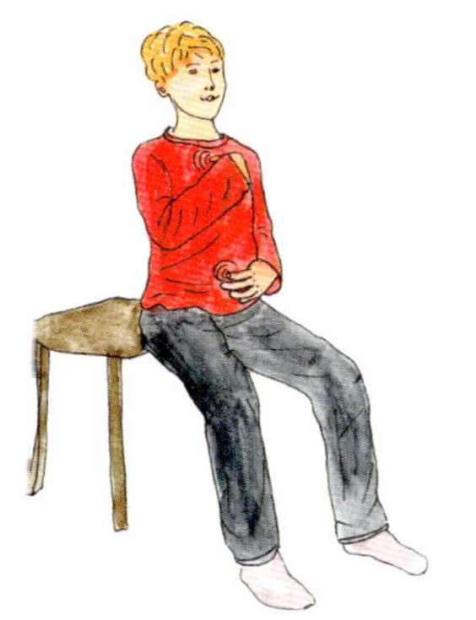
„Kinn ran"	Der Haltungsaufbau wird nun noch verbessert, indem das Kinn herangezogen wird, sodass man ein Doppelkinn macht und der Nacken dabei gestreckt wird. Der Mund darf dabei nicht geöffnet werden. Die Rumpfspannung wird beibehalten.	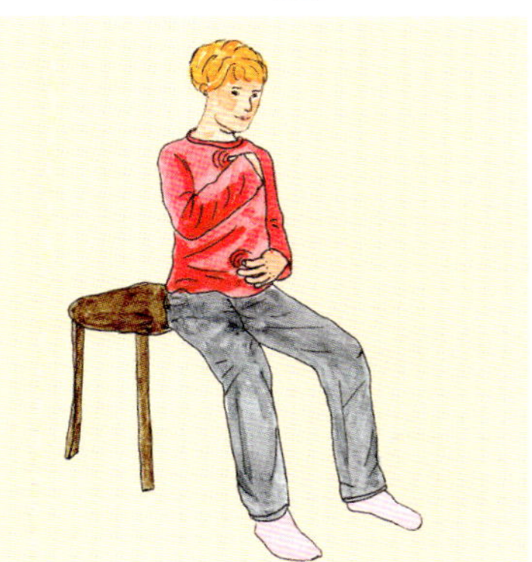
„Arme nach vorne"	Ohne die Spannung im Oberkörper zu verringern sollen die Kinder nun ihre Arme zusammen nach vorne strecken.	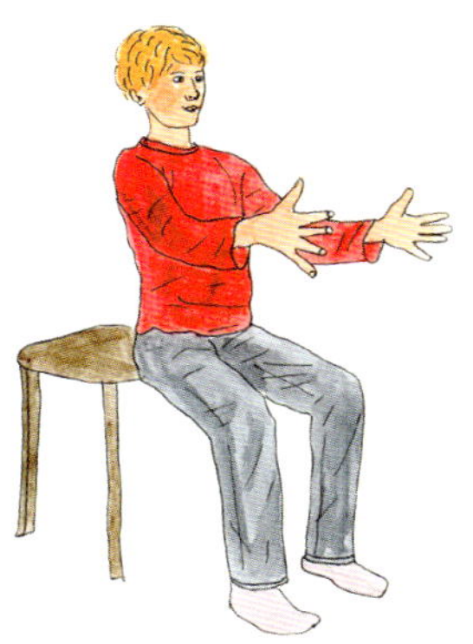
„Drück-Drück"	Die Arme werden nun nach vorne gestreckt und die Finger kraftvoll gespreizt. Nun werden die Hände zusammengeführt und vor der Brust fest zusammengedrückt. Dabei wird bis fünf gezählt (evtl. in verschiedenen Sprachen).	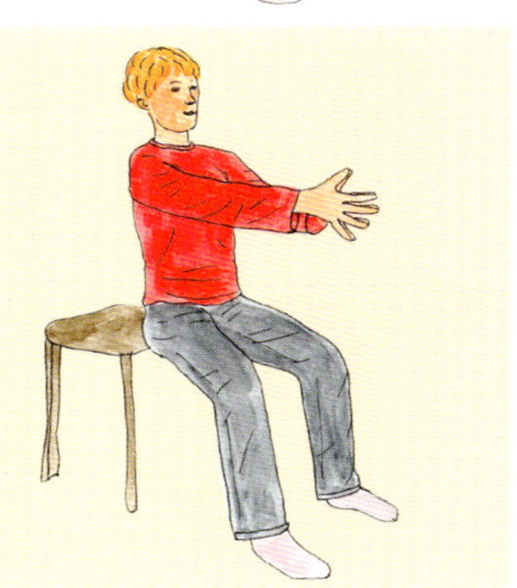

Erzähltext	Aktion	Abbildung
„Auf und zu“	Schließlich die Hände wieder voneinander lösen und vor dem Körper langsam und unter Spannung hin- und herdrehen (supinieren und pronieren). Dabei wird wieder bis fünf gezählt (evtl. in verschiedenen Sprachen).	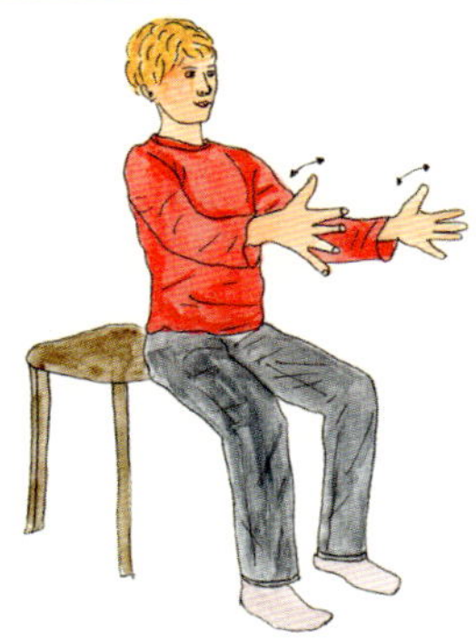

(Diese Übung ist in Anlehnung an ein Unterrichtsritual hier mit aufgenommen worden, welches von der Grund- und Hauptschullehrerin sowie PäPKi®-Therapeutin Silke Schmidt aus Syke für eine Kollegin an der Förderschule entwickelt wurde. Hier wurde es über mehrere Wochen täglich mit den Schülern durchführt. Die Kollegin berichtet von spürbarer Steigerung der Konzentration sowie deutlichen Fortschritten in der Feinmotorik gerade bei Schülern mit besonderem Förderbedarf.)

5.9 Armschaukel

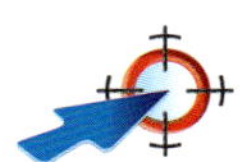

Schulteröffnung und Rumpfrotation

Die Kinder setzen sich mit geradem Rücken auf die vordere Stuhlkante und kippen ihr Becken ein wenig nach vorne. Die Beine sind leicht gespreizt aufgestellt, damit sie nicht vom Stuhl kippen. Nun umgreifen sie jeweils mit ihren Händen das gegenüberliegende Ellbogengelenk und halten ihre auf diese Art verschlungenen Arme auf Höhe ihrer Schultern. Der Blick ist geradeaus gerichtet.
Die Arme werden nun erst langsam und dann immer schneller vor dem Körper hin- und hergeschwungen. Dabei sollen die Arme nicht herabgesenkt werden und zunächst der Oberkörper nicht mitbewegt werden.
Danach werden die Schwungbewegungen verstärkt, sodass nun auch der Oberkörper zur jeweiligen Seite verdreht wird. Wenn die Arme nach rechts schwingen soll auch der Oberkörper nach rechts zeigen und umgekehrt. Der Kopf bleibt jedoch stur in der Mitte und der Blick bleibt durchgängig nach vorn gerichtet.

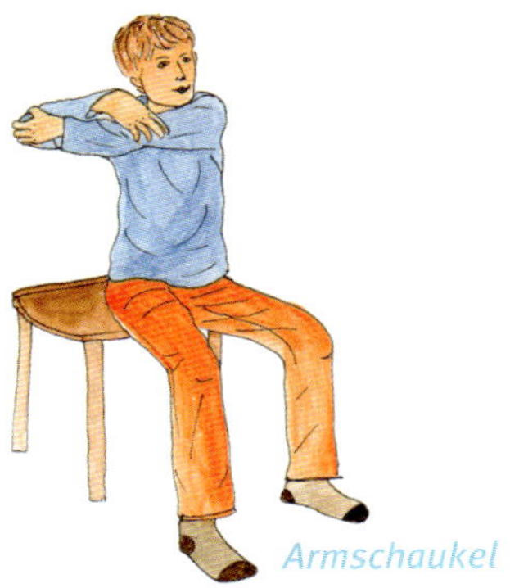

Armschaukel

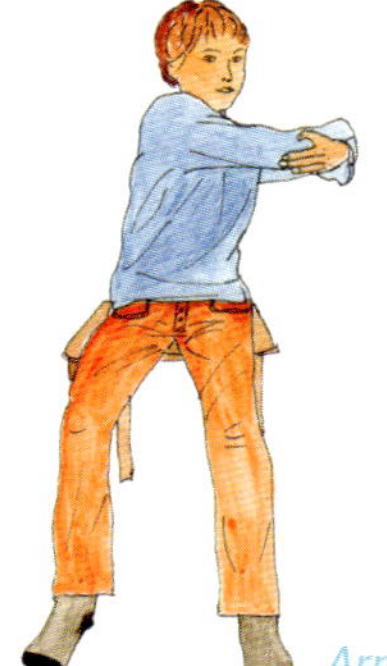

Armschaukel zur Seite

5.10 Ruckel-Zuckel im Klassenraum

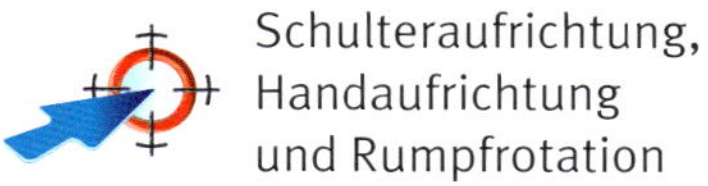

Schulteraufrichtung,
Handaufrichtung
und Rumpfrotation

Die Stühle sollten möglichst weit unter die Tische geschoben werden, damit ein wenig Platz zwischen den Tischen entsteht.
Jeweils paarweise stehen sich die Kinder gegenüber und halten sich mit einmal überkreuzten Armen an den Händen fest. Die Daumen zeigen bei beiden Kindern nach oben. Die Füße stehen sich unmittelbar gegenüber und die Körper werden gleichzeitig weit nach außen verlagert.
Durch abwechselnden Zug der Arme entsteht eine **„Ruckel-Zuckel-Bewegung“**, bei der rhythmisch mal die eine Schulter weiter nach vorne gerichtet ist und mal die andere. Die Kinder sollen darauf achten, dass sie dabei nicht umfallen.

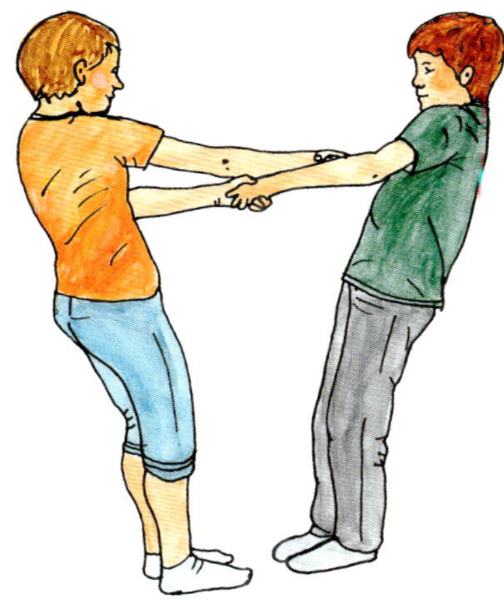

Ruckel-Zuckel am Platz

5.11 Zusammen- und Auseinanderfalten

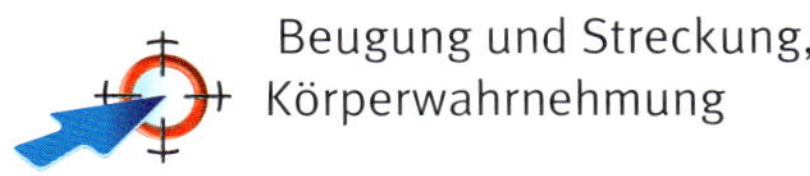

Beugung und Streckung,
Körperwahrnehmung

Die Stühle werden möglichst weit unter die Tische gestellt, damit ein wenig Platz zwischen den Tischen entsteht.
Die Kinder stellen sich vor ihren Tisch aufrecht hin. Die Beine sind schulterbreit gespreizt, die Füße zeigen ein wenig nach außen und die Arme sind über den Kopf in die Luft gestreckt. Nun werden die Kinder aufgefordert, sich nach und nach von außen nach innen „zusammenzufalten“.
Zuerst sollen sie ihre Finger nacheinander beugen und die Hände zu einer Faust schließen. Anschließend werden die Arme gebeugt und vor der Brust verschränkt. Die Hände bleiben gefaustet. Nun wird der Kopf nach vorne gebeugt. Danach die Hüften und schließlich die Knie, bis die Kinder sich in der Hocke befinden und sich ganz klein machen.

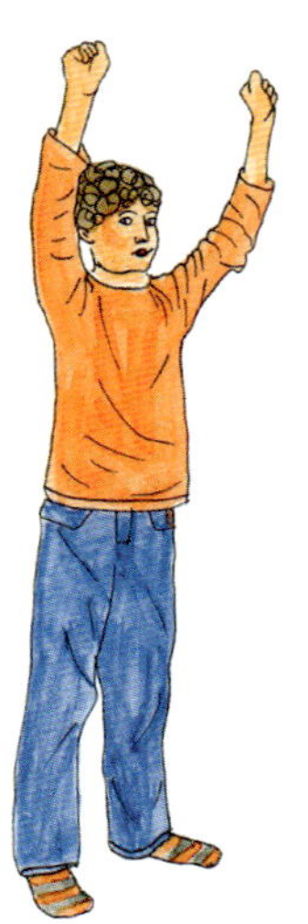
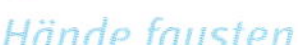

Hände fausten

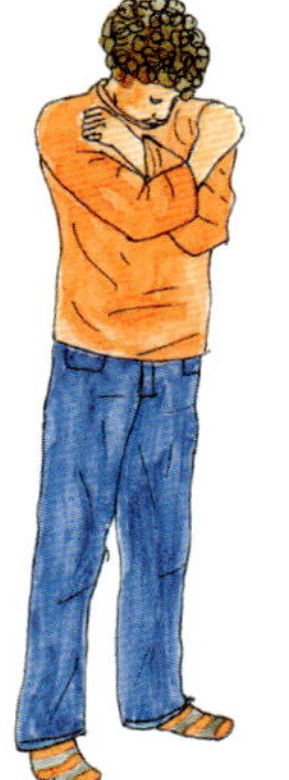

Arme gekreuzt

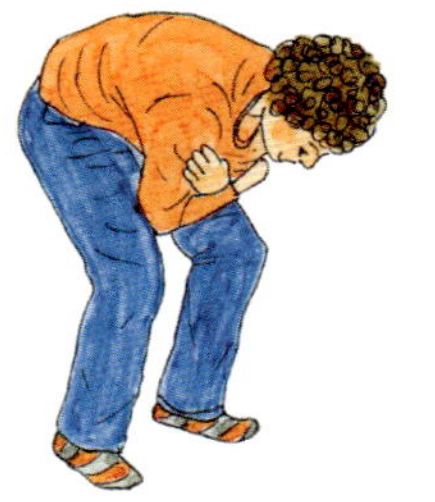

Beugen des Körpers

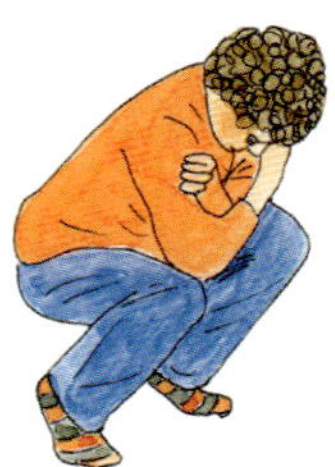

Hocken

Schließlich sollen sie sich genauso langsam und schrittweise wieder „auseinanderfalten". Zuerst strecken sie ihre Beine und Hüften, dann nehmen sie ihren Kopf hoch und anschließend werden auch die Arme und dann die Hände in die Luft zur Decke gestreckt.

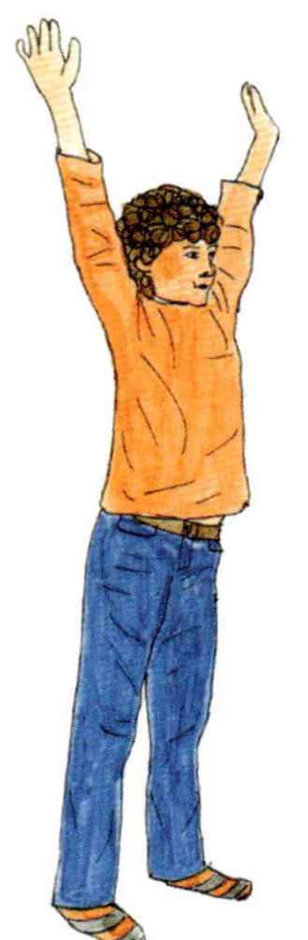

Wieder groß werden

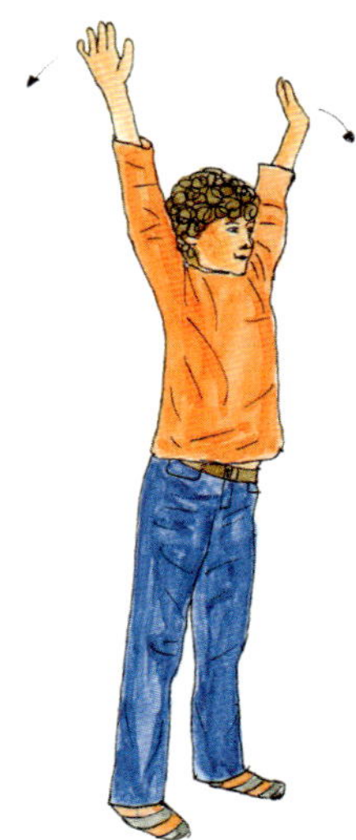

Langsames Herabsenken der Arme

Beendet wird diese Übung durch das langsame Herabsenken der Arme über die Seiten, wobei die Handinnenflächen nach vorne zeigen sollen.

(Diese Übung ist in Anlehnung an ein morgendliches Ritual hier mit aufgenommen worden, welches von der Förderschullehrerin Margarete Westermeier aus Borchen täglich mit ihren Schülern durchführt wird. Sie berichtet, dass diese Übung bei den Schülern besonders beliebt ist, da das Kleinmachen, sich verstecken und dann wieder groß werden dem Entwicklungsalter der Schüler sehr entgegen kommt.)

5.12 Sitzende Giraffe macht Gymnastik

Kräftigung und Stärkung der Rückenmuskulatur, Halsaufrichtung, Lösen von Schulter- und Nackenverspannungen, Beckenaufrichtung, Sitzhöckertraining, Außenrotation der Beine, Fußaufrichtung

Die Kinder rutschen mit ihrem Po so weit an die vordere Stuhlkante, dass sie gerade noch gut Halt haben. Die Beine werden gespreizt und stützen den Körper ab. Die Füße werden leicht nach außen gerichtet. Der Oberkörper wird mit geradem Rücken ein wenig nach vorne gebeugt, als ob sich eine Giraffe mit Ihrem langen Hals leicht nach vorne beugen würde.

Die Giraffe streckt sich

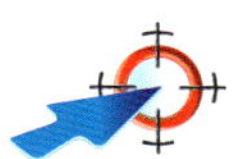

Beckenaufrichtung, Rumpfstärkung

Die Hände werden auf die Oberschenkel gelegt. Die Kinder sollen versuchen, ihren Oberkörper noch ein wenig zu verlängern, indem sie die Arme gegen die Oberschenkel drücken und den Schultergürtel ein wenig anheben. Ganz wichtig dabei ist der Blick nach unten auf den Boden zwischen die Beine, sodass die Halswirbelsäule ebenfalls in der richtigen Haltung trainiert wird. Beim Hochdrücken sollen die Kinder tief einatmen und beim Lösen der Spannung dann wieder ausatmen.

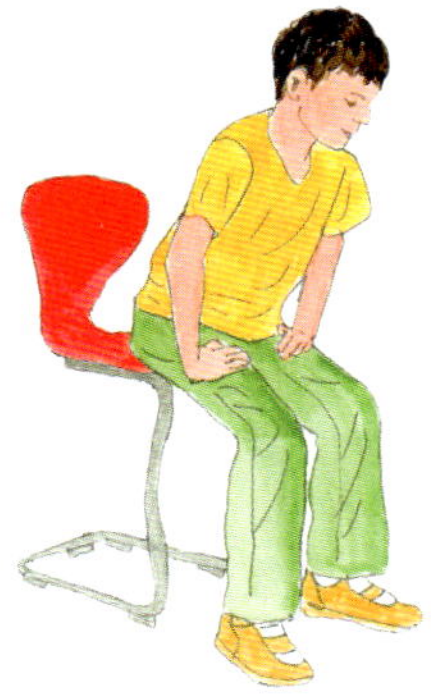

Die Giraffe macht Fußgymnastik

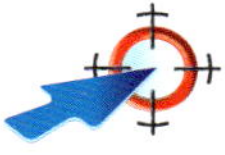

Fußaufrichtung, Stärkung des Quer- und Längsgewölbe des Fußes, Beckenaufrichtung, Rumpfstärkung

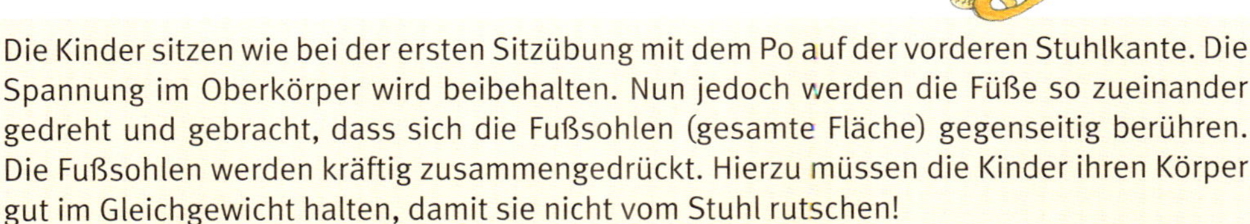

Die Kinder sitzen wie bei der ersten Sitzübung mit dem Po auf der vorderen Stuhlkante. Die Spannung im Oberkörper wird beibehalten. Nun jedoch werden die Füße so zueinander gedreht und gebracht, dass sich die Fußsohlen (gesamte Fläche) gegenseitig berühren. Die Fußsohlen werden kräftig zusammengedrückt. Hierzu müssen die Kinder ihren Körper gut im Gleichgewicht halten, damit sie nicht vom Stuhl rutschen!
Währenddessen kann man bis zehn zählen lassen (evtl. auch in einer Fremdsprache), damit die Kinder die Spannung für eine gewisse Zeit beibehalten.

Die Giraffe trainiert ihre Vorderextremitäten (Arm- und Hand-Gymnastik)

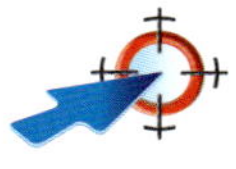

Schulteraufrichtung, Lösen von Verspannungen im Nackenbereich, Verbesserung der Handmotorik, Kräftigung der Rumpfmuskulatur und Rumpfrotation

Die Kinder nehmen wieder die Sitzposition der Giraffe ein, indem sie mit dem Po auf der vorderen Stuhlkante sitzen und den Rücken ganz lang machen und den Oberkörper ein wenig nach vorne beugen.

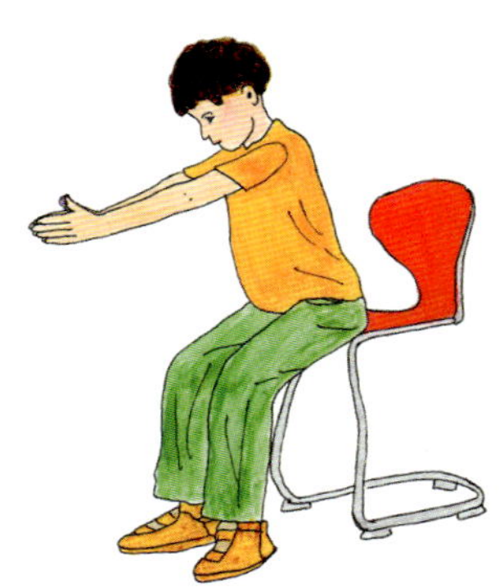

Nun werden die Arme auf Schulterhöhe lang vor den Körper gestreckt und zusammengeführt. Die Hände werden gespreizt und kräftig zusammengedrückt. Der Blick ist auf die Hände gerichtet.
Zu Beginn werden die Arme langsam ein wenig hoch und anschließend wieder runter bewegt. Diese Auf- und Abbewegungen können bis zu zehnmal wiederholt werden und werden verbal durch Zählen bis 10 unterstützt.

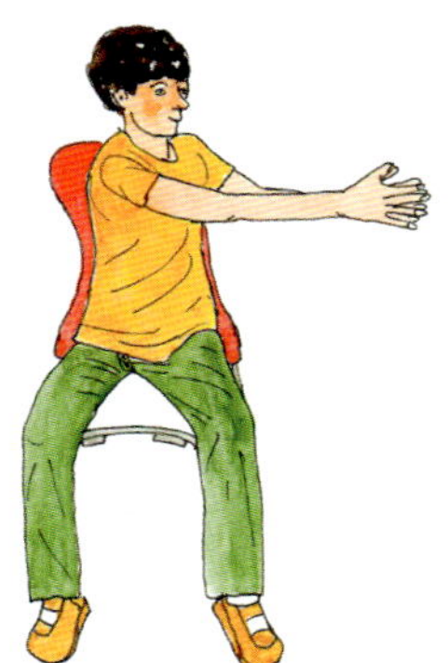

Anschließend sollen die Arme ohne Lösen der Spannung zusammen mit dem Oberkörper ein wenig zur Seite gedreht werden. Dabei ist darauf zu achten, dass der Po und die Beine nicht mitbewegt werden. Verbal werden diese Drehungen zur Seite mit „rechts herum" und „links herum" unterstützt. Zu jeder Seite kann die Übung bis zu zehnmal wiederholt werden.

Die Arme werden auf Schulterhöhe lang vor den Körper gestreckt und zusammengeführt. Der Blick ist auf die Hände gerichtet.
Die Hände werden nun jeweils so gewendet bzw. supiniert, dass die Daumen nach außen zeigen und die Handinnenflächen zur Decke. Diese Handhaltung wird verbal durch Zählen unterstützt und für ca. fünf Sekunden gehalten. Anschließend werden die Hände zurück gedreht – so weit, dass nun die Handinnenflächen nach unten zeigen und die Daumen sich berühren können (Pronation). Auch diese Position für ca. fünf Sekunden halten.
Nun sollen die Kinder die Hände im schnellen Wechsel hin- und herdrehen (supinieren und pronieren). Diese Drehbewegungen ebenfalls fünfmal durchführen und verbal mit Zählen unterstützen.

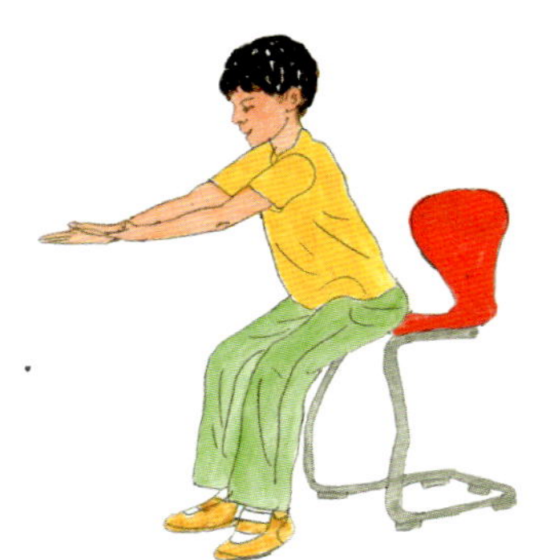

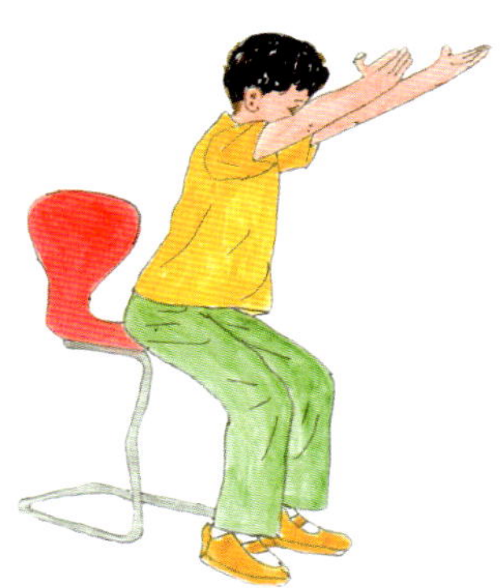

Die Kinder behalten die Haltung mit den im Schultergelenk außenrotierten Armen und den in Supination gehaltenen Händen bei. Der Rücken ist gut gestreckt.
Nun sollen die Arme so weit es geht nach oben in Richtung Decke gehoben werden. Dabei soll die verdrehte Armhaltung nicht gelockert werden. Der Blick ist dabei auf den Boden zwischen die Beine gerichtet. Bis fünf zählen lassen.
Anschließend werden die Hände wieder im schnellen Wechsel hin- und hergedreht (supinieren und pronieren) und langsam dabei abgesenkt, bis die Arme wieder auf Schulterhöhe sind.

6 Bewegungsgeschichten im Klassenraum

6.1 Unwetter

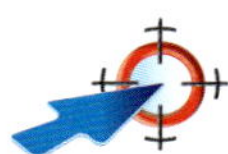

Handaufrichtung,
Propriozeption

Vorbereitung: Die Schüler sitzen an ihren Tischen, die Stühle sind leicht abgerückt, damit sie vorn auf der Stuhlkante sitzen können, die Füße sind fest aufgestellt. Die Beine leicht gegrätscht. Der Rücken soll möglichst gerade gehalten werden. Das Brustbein wird gehoben. Die Kinder sollen sich eine Medaille vorstellen, die sie stolz auf ihrer Brust präsentieren sollen. Die Hände liegen locker auf dem Tisch auf.
Um die Schultern zu entspannen, ist es hilfreich sie kurz und kraftvoll hochzuziehen, um sie dann lang und genussvoll fallen zu lassen.

Der Spielleiter erzählt die Begleitgeschichte, während die Schüler die Aktionen schauspielerisch darstellen.

Begleitgeschichte:

Erzähltext: Es fängt an zu regnen. Erst ganz sacht und leise ....
Aktion: Mit den Fingerkuppen leise auf die Tischplatte klopfen.

Erzähltext: ...langsam wird der Regen immer stärker ...
Aktion: Stärker mit den Fingerkuppen auf die Tischplatte trommeln.
Erzähltext: ....und dann regnet es ganz stark.
Aktion: Mit flacher Hand auf die Tischplatte klatschen.

Erzähltext: Jetzt fängt es auch noch an zu donnern ...
Aktion: Mit Fäusten auf den Tisch trommeln.

Erzähltext: ...und zu blitzen. Und es regnet ... und donnert ... und blitzt!
Aktion: Über dem Kopf in die Hände klatschen. Abwechselnd mit den Fingern und Fäusten trommeln, mit den Handflächen auf den Tisch und über dem Kopf schlagen.

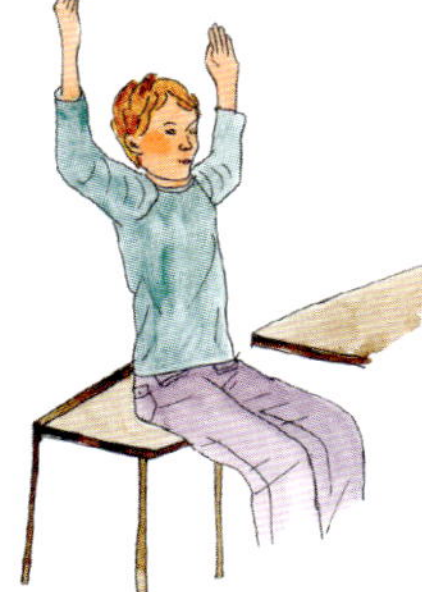

Erzähltext: Plötzlich ist der ganze Spuk vorbei und die Sonne kommt hervor.
Aktion: Mit den Händen den Sonnenschein beschreiben, indem beide Hände vor dem Körper zusammengeführt werden, um sie dann bis über den Kopf anzuheben und im Halbkreis die Arme seitlich wieder abzusenken.

6.2 Querfeldein – Gedanklicher Ausflug über Feld und Wiesen

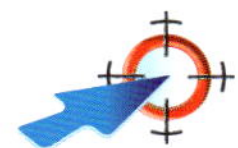

Propriozeption, Außenrotation und Abduktion der Beine

Vorbereitung: Die Kinder schieben ihre Stühle von den Tischen ein wenig ab, sodass sie genügend Platz zum Bewegen zwischen Tischplatte und Stuhl haben. Sie sollen sich aufrecht vorne auf die Stuhlkante setzen. Die Füße stehen fest am Boden. Die Beine sind leicht gegrätscht. Die Hände sind auf den Oberschenkeln positioniert. Wir korrigieren ihre Sitzhaltung, indem wir sie auffordern sich eine Medaille vorzustellen, die sie um ihren Hals tragen. Damit jeder die Medaille gut sehen kann, sollen sie ihr Brustbein stolz in die Höhe heben. Um die Schultern zu entspannen, ist es hilfreich sie kurz und kraftvoll hochzuziehen, um sie dann lang und genussvoll fallen zu lassen.

Der Spielleiter erzählt die Begleitgeschichte, während die Schüler die Aktionen schauspielerisch darstellen.

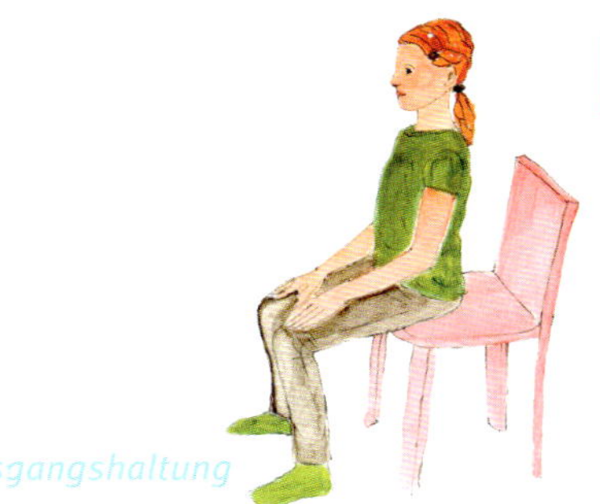

Ausgangshaltung

Begleitgeschichte:

Erzähltext: „Seid ihr bereit? Dann können wir losgehen." Es ist Sommer, die Sonne scheint und wir gehen barfuß querfeldein über das Land. Wir gehen auf einem Weg.
Aktion: Schrittbewegungen mit den Füßen, mit den flachen Händen klopfen wir locker auf unsere Gesäßseiten, um das Geräusch der Schritte zu imitieren und die Außenrotation der Schultern bringt die Kinder in eine bessere Aufrichtung.

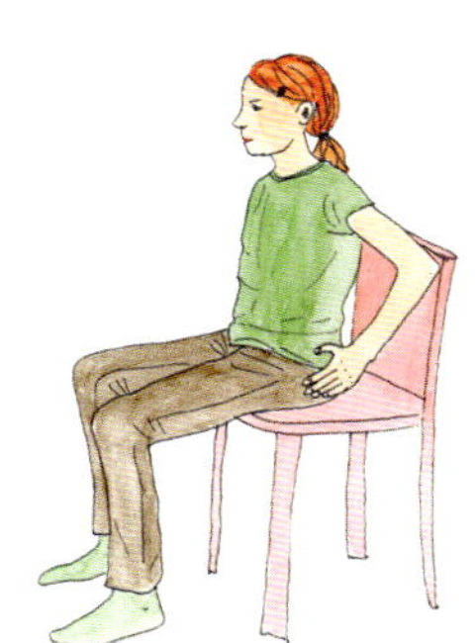

Erzähltext: Neugierig schauen wir mal nach rechts und nach links und wieder nach rechts.
Aktion: Kopf wird hin- und hergedreht.

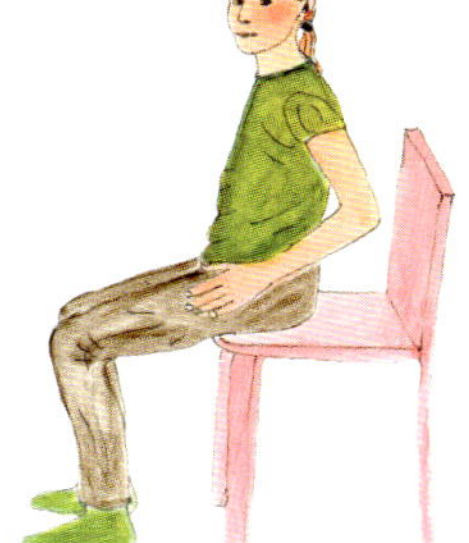

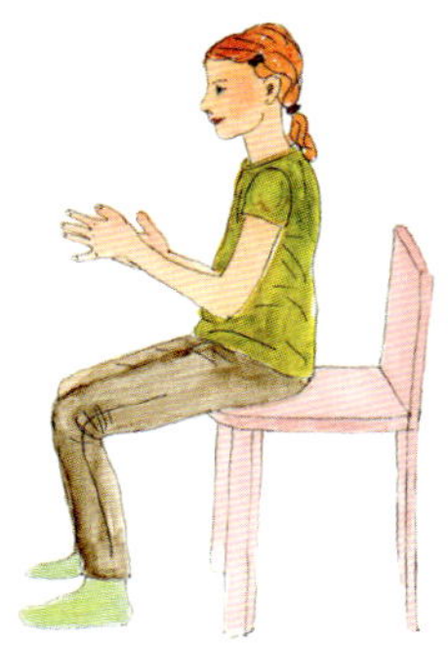

Erzähltext: Wir kommen an eine Wiese und gehen über sie
Aktion: Die Handflächen werden aneinander gerieben.

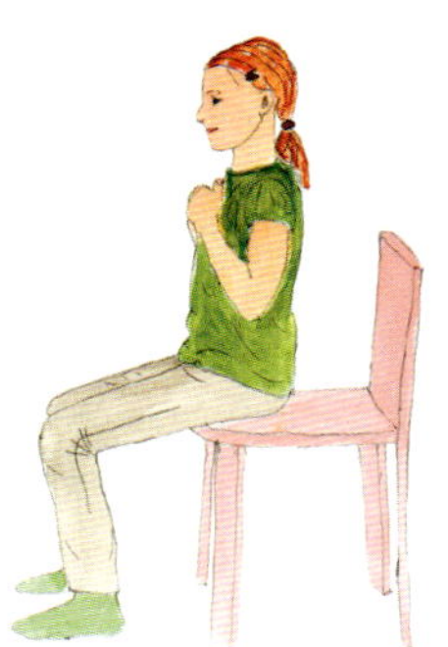

Erzähltext: Dann gehen wir wieder auf einem Weg ...
Aktion: Schrittbewegungen mit den Füßen, mit den flachen Händen klopfen wir locker auf unsere Gesäßseiten, um das Geräusch der Schritte zu imitieren und die Außenrotation der Schultern bringt die Kinder in eine bessere Aufrichtung.
Erzähltext: ...und über eine Holzbrücke.
Aktion: Mit lockeren Fäusten klopfen wir abwechselnd auf unsere Brust.

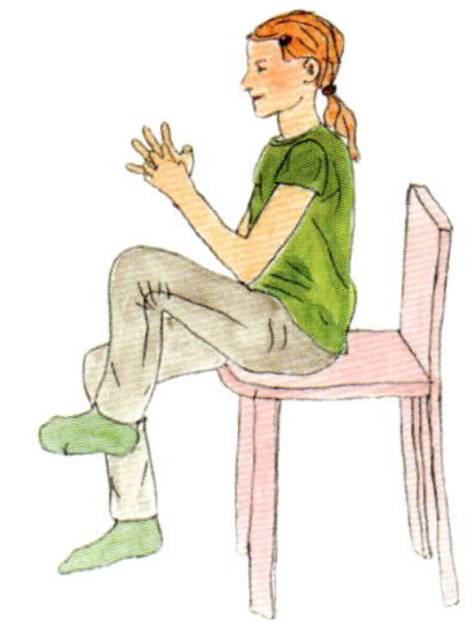

Erzähltext: Hinter der Brücke geht der Weg ganz steinig weiter und es piekst ganz fürchterlich unter unseren Füßen.
Aktion: Füße abwechselnd immer nur kurz auf den Boden aufsetzen und dann schnell hochziehen; zusätzlich pieksen wir mit spitzen Fingern der einen Hand in die Handfläche der anderen Hand.

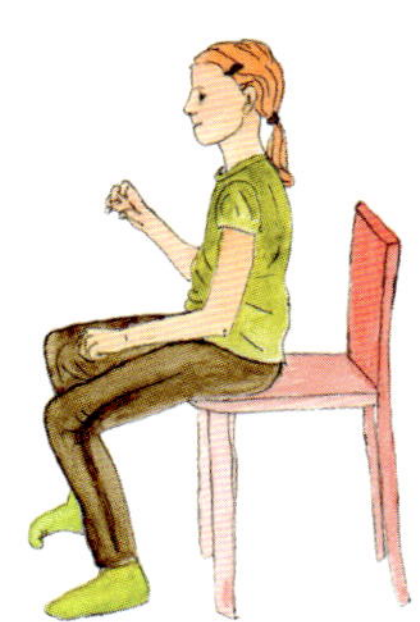

Erzähltext: Aaah, da – endlich werden die Steine immer weniger und plötzlich ist der Weg ganz sandig und weich und wir graben unsere Zehen genussvoll in den Sand.
Aktion: Mit den Zehen und Fingern machen wir Greifbewegungen, um das Einsinken im lockeren Sandboden darzustellen.

Erzähltext: Am Ende des Weges kommen wir an einen Stoppelacker und wieder piekst es ganz fürchterlich an unseren Füßen. Voller Schmerz ziehen wir ruckartig unsere Füße hoch und gehen vorsichtig über den Acker.
Aktion: Füße abwechselnd immer nur kurz auf den Boden aufsetzen und dann schnell hochziehen; zusätzlich pieksen wir mit spitzen Fingern der einen Hand in die Handfläche der anderen Hand.

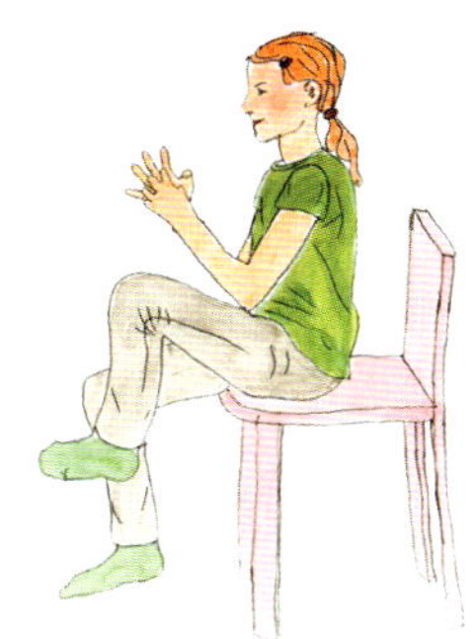

Erzähltext: Die Stoppeln hören auf und der Acker wird ganz matschig und sumpfig. Wir gehen durch den Matsch.
Aktion: Die Handflächen leicht beugen, sodass beim Zusammenklatschen ein Hohlkörper entsteht; mit den Füßen Schrittbewegungen darstellen und mit den Händen „matschig" klatschen **oder** kurz eine oder beide Handflächen anlecken und dann die Hände rhythmisch aufeinander drücken, durch das Auseinanderziehen der Handflächen entsteht ein schmatzendes Geräusch.

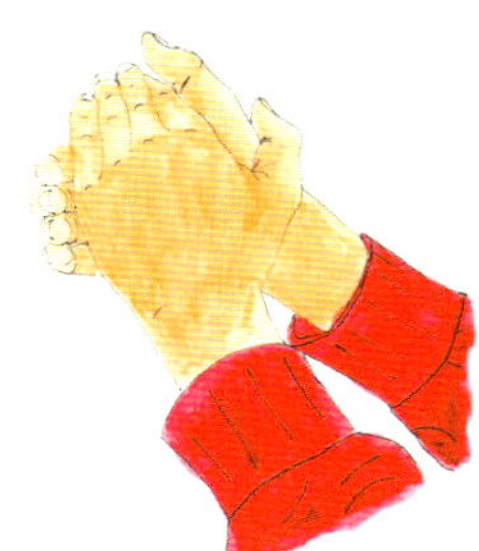

Erzähltext: Endlich kommen wir wieder an eine Wiese. Wir schauen unsere Füße an.
Aktion: Abwechselnd die Füße anheben, die Knie nach außen und unter die Fußsohlen schauen.

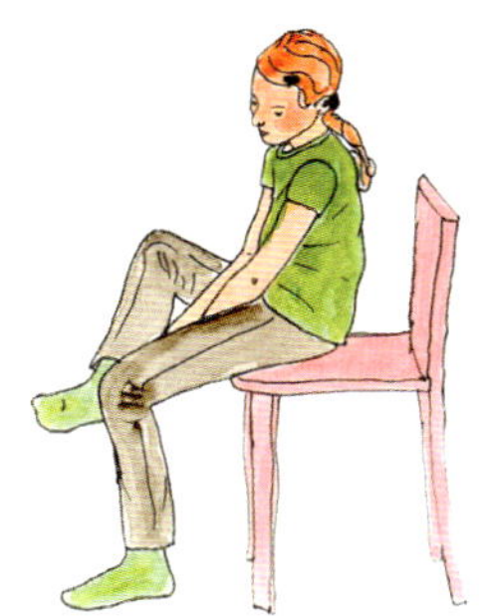

Erzähltext: So können wir nicht nach Hause gehen. Zum Glück entdecken wir einen Bach. Wir waten hinein. Das Wasser ist eiskalt und wir fangen an zu frieren.
Aktion: Kleine, schnelle Schritte mit den Füßen durchführen und bibbernd mit den Händen auf Beine, Bauch und Arme klopfen.
Erzähltext: Als unsere Füße wieder sauber sind gehen wir wieder auf die Wiese. Wir wischen unsere Füße und Beine trocken.
Aktion: Die Fußsohlen am jeweils anderen Unterschenkel hoch und runter reiben.

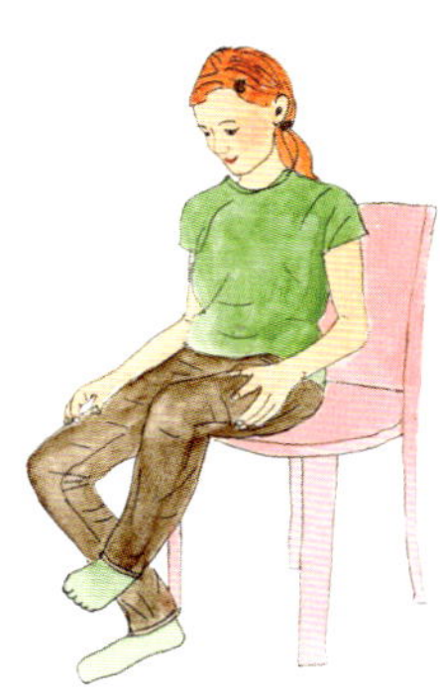

Erzähltext: Aber wo geht's lang? Wir haben uns verlaufen. Da hinten steht ein sehr großer Baum und herunter hängt wie eine Liane ein langes Seil. Wir ziehen uns an dem Seil nach oben. Hoch und höher bis wir ganz weit oben angekommen sind.
Aktion: Hand über Hand das Hochziehen darstellen, die Füße bleiben fest am Boden stehen.
Erzähltext: Vorsichtig schauen wir nach unten.
Aktion: Ganz gerade sitzen und nur den Kopf nach unten neigen.

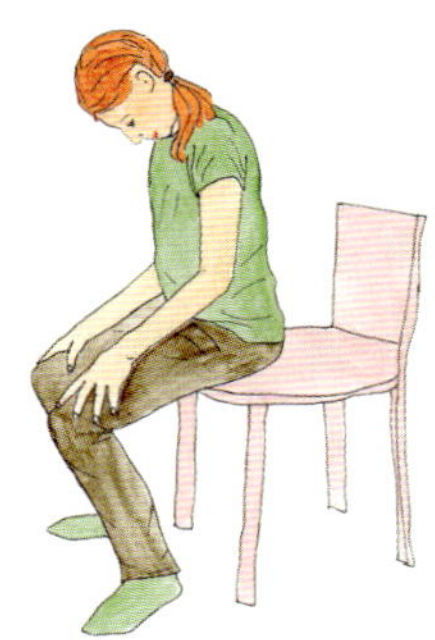

Erzähltext: Ooooh – ist das hoch. Lieber schauen wir in die Ferne und suchen unser Zuhause.
Aktion: Eine Hand über die Augen legen und in Ruhe rundum schauen.
Erzähltext: Da – da drüben müssen wir hin. Der Weg ist ganz schön weit. Soweit wollen wir nicht mehr laufen. Lieber machen wir die Schwalbe und fliegen nach Hause.

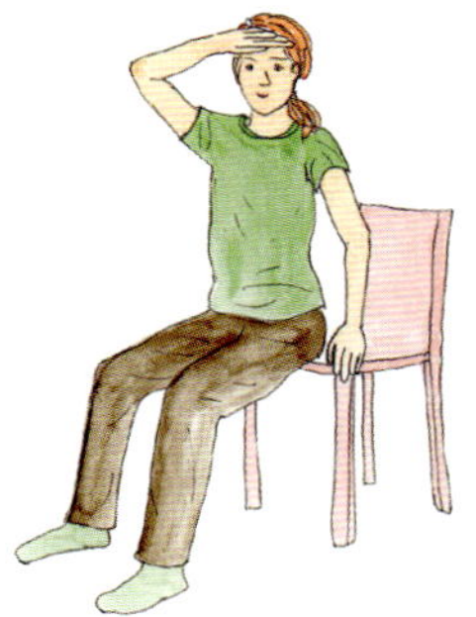

Erzähltext: Wir lehnen uns nach vorne, die Arme nach hinten gestreckt, drücken wir uns ab und segeln wie eine Schwalbe durch die Lüfte.
Aktion: Mit geradem Rücken heben wir das Gesäß ganz leicht vom Stuhl ab, die Arme sind in Außenrotation, das Kinn ist angezogen.

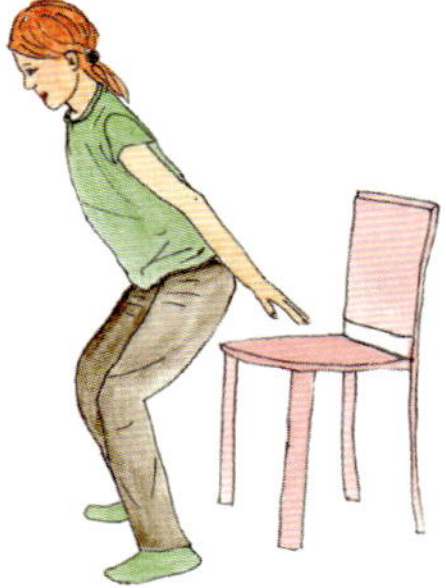

Erzähltext: Hui, das bringt Spaß! Wir fliegen, mal etwas höher und wieder tiefer, und wieder höher und tiefer.
Dabei sehen wir, wo wir überall langgelaufen sind. Wir sehen noch mal den Bach, den Sumpf und den Stoppelacker. Wir fliegen über die Wiese, den Weg und die Holzbrücke und landen ganz sacht und zufrieden wieder zuhause.
Aktion: Wieder bequem auf den Stuhl setzen.

6.3 Abfahrtski

Körperspannung, Becken- und Beinkräftigung, Gleichgewicht, Koordination

Vorbereitung: Die Kinder können nebeneinander, im Kreis oder auch durcheinander stehen. Sie sollten etwas Abstand voneinander haben.

Der Spielleiter erzählt die Begleitgeschichte, während die Schüler die Aktionen schauspielerisch darstellen.

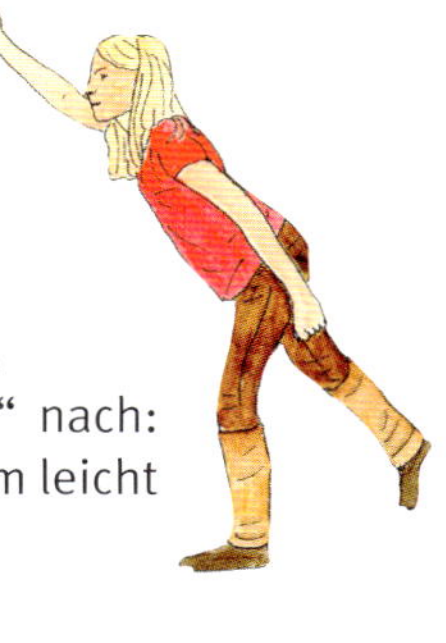

Begleitgeschichte:

Erzähltext: Wir wollen in unsere Skier steigen.
Aktion: Pantomimisch mit zwei Schritten in die Skier steigen.
Erzähltext: Mit weit ausholenden Schritten gleiten wir zur Abfahrtspiste.
Aktion: Am Platz machen wir die Bewegung vom „Langlaufski fahren" nach: rechtes Bein nach hinten und rechter Arm nach vorne oben. Der Gegenarm leicht gebeugt zurück. Im Wechsel mal rechts, mal links.

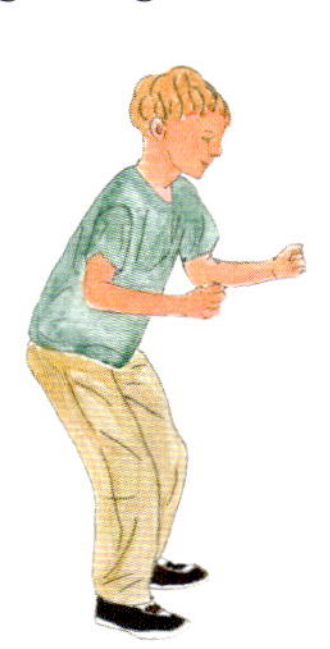

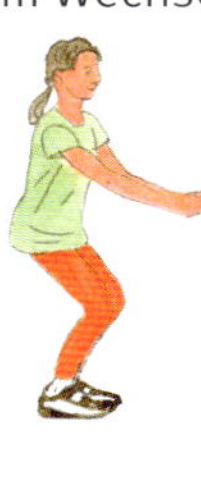

Erzähltext: Achtung! Jetzt geht es die Piste hinab!
Aktion: Wie beim Abfahrtski: beide Füße nebeneinander, etwas in die Knie gehen und pantomimisch zwei Stöcke andeuten, die nach hinten gehalten werden.

Erzähltext: Es geht ganz entspannt bergab. Aber plötzlich gibt es herabhängende Zweige unter die wir uns ducken müssen.
Aktion: Etwas tiefer in die Hocke gehen, variieren.
Erzähltext: Und dann wird die Piste ganz hoppelig
Aktion: **Kleine Sprünge** am Platz.

Erzähltext: Achtung! Eine Rechtskurve ...
Aktion: Nach rechts lehnen und das linke Bein seitlich heben.
Erzähltext: ... und eine Linkskurve ...
Aktion: Nach links lehnen und das rechte Bein seitlich heben.
Erzähltext: ...und noch eine Rechtskurve ...
... und nochmals links rum.

Erzähltext: So, jetzt geht's nur noch mit Schussfahrt geradeaus und unten angekommen stellen wir uns aufrecht hin und schütteln Arme und Beine aus.
Aktion: Bei der Schussfahrt leichte federnde Bewegungen und dann Arme und Beine ausschütteln.

7 Spiele mit Sprechgesang im Klassenraum

7.1 Handpatscher im Klassenraum

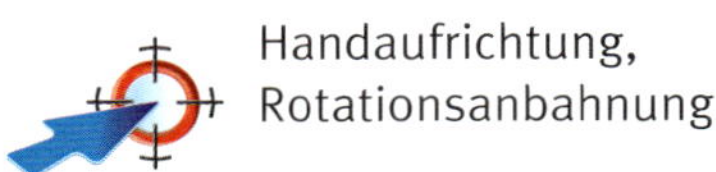

Handaufrichtung,
Rotationsanbahnung

Die Kinder setzen sich in einem Stuhlkreis recht eng nebeneinander zusammen. Die Kinder sollen möglichst vorne auf der Stuhlkante mit geradem Rücken aufrecht sitzen.
Begleitend zum Sprechgesang klatschen die Kinder mit ihren flachen Händen wie folgt auf die Oberschenkel:
Bei „Mitte“ klatscht man mit beiden Händen auf die eigenen Oberschenkel und bei „rechter“ mit der linken Hand über die eigene Körpermitte auf den Oberschenkel des rechten Nachbarn oder bei „linker“ mit der rechten Hand auf den Oberschenkel des linken Nachbarn. Bei „Kreuz“ werden die Arme vor der eigenen Brust überkreuzt und bei „Klatsch“ werden die Hände über dem Kopf zusammengeklatscht. Es sollte zunächst langsam angefangen werden und je nach Gelingen das Tempo und evtl. auch die Lautstärke gesteigert werden.

Sprechgesang:
„Mitte, Mitte, rechter, rechter.
Mitte, Mitte, linker, linker.
Mitte, rechter, Mitte, linker,
Mitte, Kreuz, Mitte, Klatsch.“

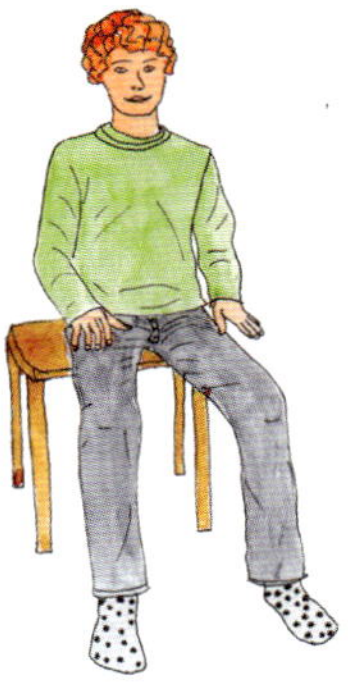

„Mitte“

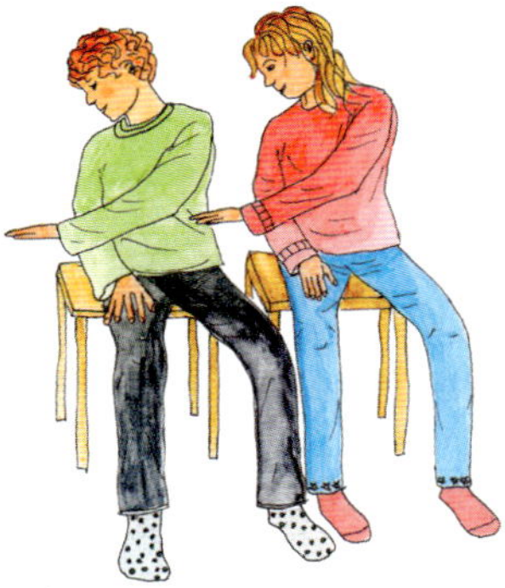

„Rechter Nachbar“

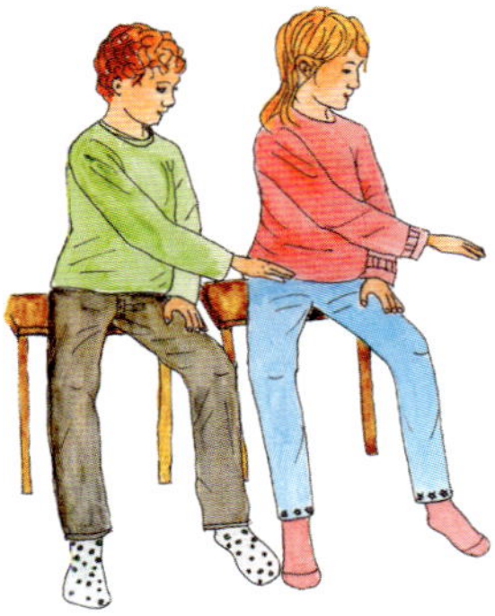

„Linker Nachbar“

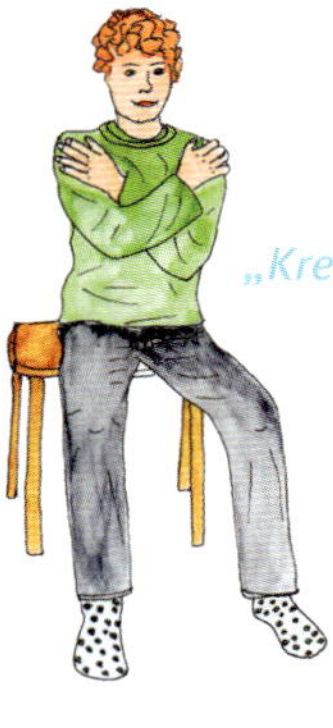

„Kreuz“

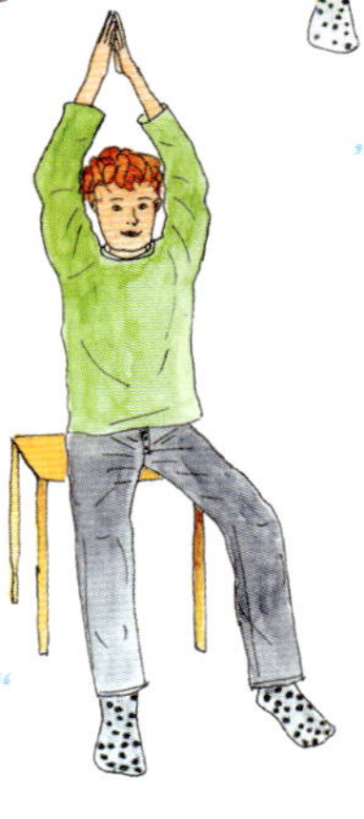

„Klatsch“

7.2 Johanna

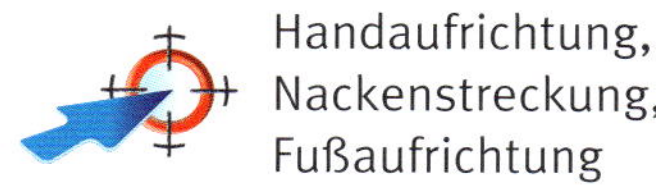

Handaufrichtung,
Nackenstreckung,
Fußaufrichtung

Jedes Kind schiebt seinen Stuhl weit unter den Tisch und stellt sich dahinter.
Begleitend zum Sprechgesang werden nach und nach Bewegungen ausgeführt, die durchgängig weiter gemacht werden und mit jeder weiteren Strophe um eine zusätzliche Bewegung ergänzt werden. Die unter „Aktion“ stehenden Textpassagen erläutern die Bewegungen, die von den Kindern begleitend zum Sprechgesang durchgeführt werden sollen.

Sprechgesang:

Refrain:
„Moin, ich heiß' Johanna, ich hab' ein Haus und zwei Kinder
und ich arbeite in einer Knopffabrik.
Eines Tages kommt mein Chef und fragt:
„Johanna, hast Du Zeit?“
Ich sag': „Jaaow!“

Strophen:
„Gut! Dann dreh' diesen Knopf mit deiner rechten Hand!“
„Gut! Dann dreh' diesen Knopf mit deiner linken Hand!“
„Gut! Dann drück' diesen Schalter mit dem rechten Fuß!“
„Gut! Dann drück' diesen Schalter mit dem linken Fuß!“
„Gut! Dann schieb' diesen Schalter mit dem Po zurück!“
„Gut! Dann klemm' diesen Knopf unter dein Kinn!“
Ich sage: „NEIN!!!“ (laut rufend)

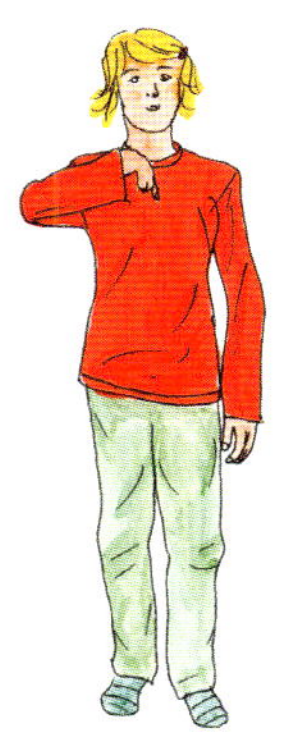

Ich heiße Johanna

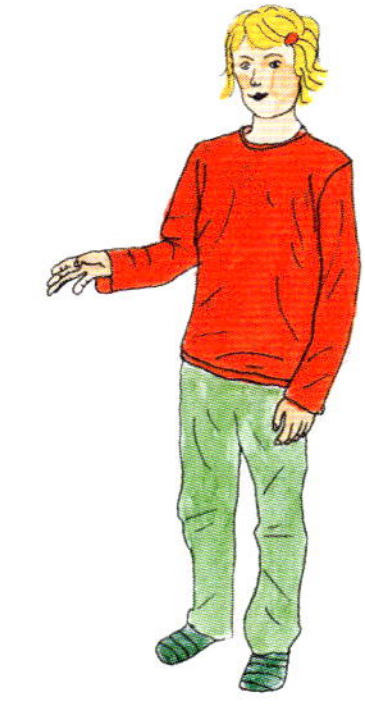

Johanna dreht einen Knopf mit der re. Hand

Ablauf mit Bewegungen:

Strophe 1:
Text: „Moin, ich heiß' Johanna, ich hab' ein Haus und zwei Kinder und ich arbeite in einer Knopffabrik. Eines Tages kommt mein Chef und fragt:
„Johanna, hast Du Zeit?“
Ich sag': „Jaaow!“
„Gut! Dann dreh' diesen Knopf mit deiner rechten Hand!“
Aktion: Die Kinder drehen symbolisch einen Knopf mit der rechten Hand.

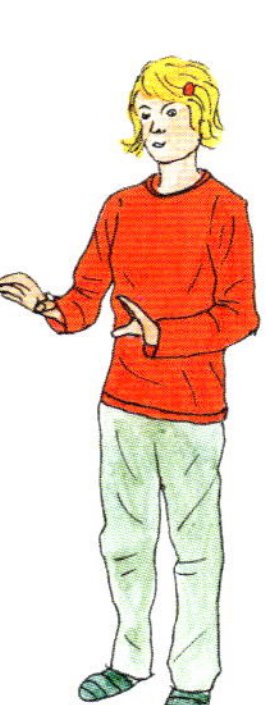

Strophe 2:
Text: Moin, ich heiß' Johanna, ich ....
„Gut! Dann dreh' diesen Knopf mit deiner linken Hand!“
Aktion: Die Kinder drehen einen Knopf mit der rechten und einen mit der linken Hand.

Strophe 3:

Text: Moin, ich heiß' Johanna, ich ....
„Gut! Dann drück' diesen Schalter mit dem rechten Fuß!"
Aktion: Die Kinder drehen einen Knopf mit der rechten und einen mit der linken Hand und sie drücken gleichzeitig einen Schalter mit dem rechten Fuß.

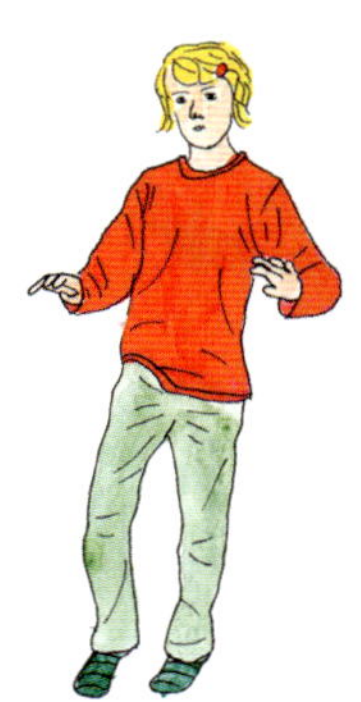

Strophe 4:

Text: Moin, ich heiß' Johanna, ich ....
„Gut! Dann drück' diesen Schalter mit dem linken Fuß!"
Aktion: Die Kinder drehen einen Knopf mit der rechten und einen mit der linken Hand, und sie drücken einen Schalter mit dem rechten Fuß und einen mit dem linken Fuß. Hierzu sollen sie auf ihren Fersen stehend beide Vorfüße gleichzeitig heben und senken.

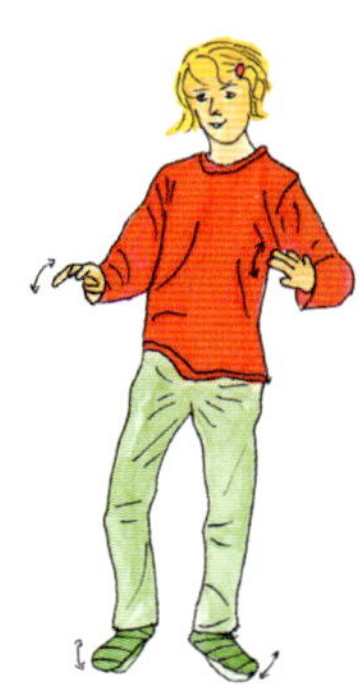

Strophe 5:

Text: Moin, ich heiß' Johanna, ich ....
„Gut! Dann schieb' diesen Schalter mit dem Po zurück!"
Aktion: Die Kinder drehen einen Knopf mit der rechten und einen mit der linken Hand, und sie drücken einen Schalter mit dem rechten Fuß und einen mit dem linken Fuß und drücken dabei noch einen Schalter mit dem Po zurück.

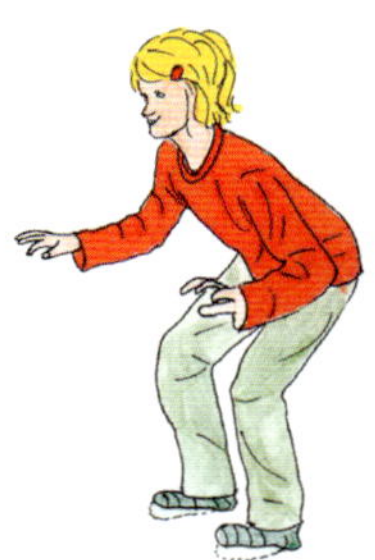

Strophe 6:

Text: Moin, ich heiß' Johanna, ich ....
„Gut! Dann klemm' diesen Knopf unter dein Kinn!"
Aktion: Die Kinder drehen einen Knopf mit der rechten und einen mit der linken Hand, und sie drücken einen Schalter mit dem rechten Fuß und einen mit dem linken Fuß und drücken dabei noch einen Schalter mit dem Po zurück und klemmen dazu noch einen Knopf unter ihrem Kinn fest.

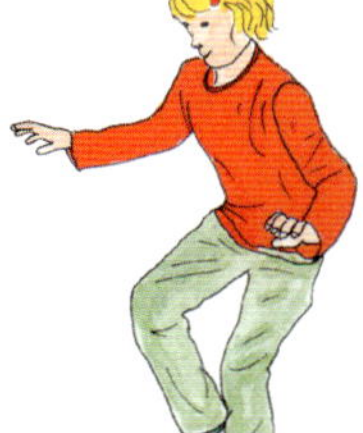

Strophe 7:

Text: Moin, ich heiß' Johanna, ich ...
Ich sage: **„NEIN!!!"** (laut rufend)

7.3 An'ne Eck steiht'n Jung mit'n Tüdelband

(altes Hamburger Volkslied von 1911, erstmalig gesungen von den „Gebrüder Wolf" 1917)

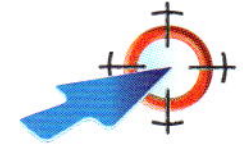

Ganzkörperspannung,
Rotation , Diagonalentraining,
Koordination

Die Kinder stehen hinter ihren Stühlen, die sie nahe unter die Tische geschoben haben und machen die Bewegungen nach, die das Lied ihnen vorgibt.
Die Abfolge kann drei- bis viermal wiederholt werden, um die Rotation und den Spannungsaufbau zu verbessern und zu verstärken.

Refrain:
Für Kinder aus Hamburg:
Jo, jo, jo, klaun, klaun, Äppel wüllt wi klaun, ruck zuck övern Zaun.
Ein jeder aber kann dat nich, denn he mutt ut Hamborg sien.

Für Kinder aus anderen Städten/Regionen:
Jo, jo, jo, klaun', klaun,' Äpfel wolln' wir klaun', ruck zuck über'n Zaun. Ein jeder aber kann das nicht, denn er muss aus ...... (Heimatort nennen) sein.

Refrain	Aktionen
„... klaun', klaun' Äppel wüllt' wi klaun'..." („... klaun', klaun' Äpfel wolln' wir klaun'...")	Die Kinder greifen mit der rechten und anschließend mit der linken Hand über die Mitte nach oben links bzw. rechts in die Luft, als wollten sie einen Apfel vom Baum pflücken. Dieses wird zweimal hintereinander durchgeführt.
„... ruck zuck övern Zaun." („... ruck, zuck über'n Zaun.")	Mit höchstens drei Schritten (Beine schön hoch heben) steigen wir über einen imaginären Zaun und drehen uns dabei einmal im Kreis herum.
„Ein jeder aber kann dat nich, denn he mutt ut Hamborg sien." („Ein jeder aber kann das nicht, denn er muss aus (Heimatort nennen) sein.")	Breitbeinig, mit stolz geschwellter Brust (als wäre eine Medaille darauf zu bewundern) und mit nach außenrotierten Armen und gespreizten Händen stellen sich die Kinder hin.

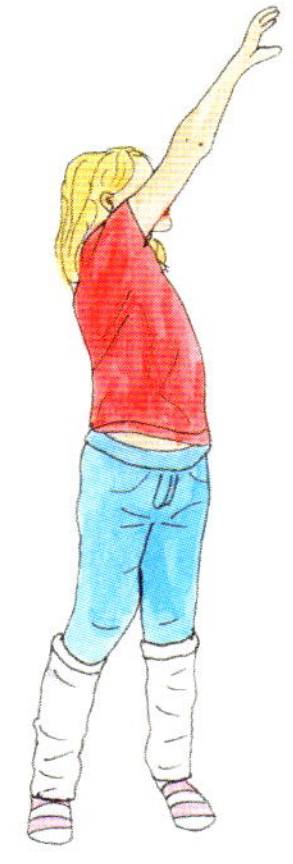

Äppel klaun'
(Äpfel klaun')

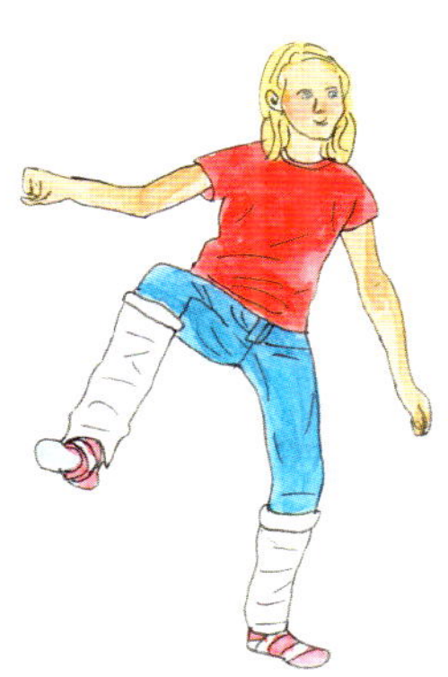

Övern Zaun
(über'n Zaun)

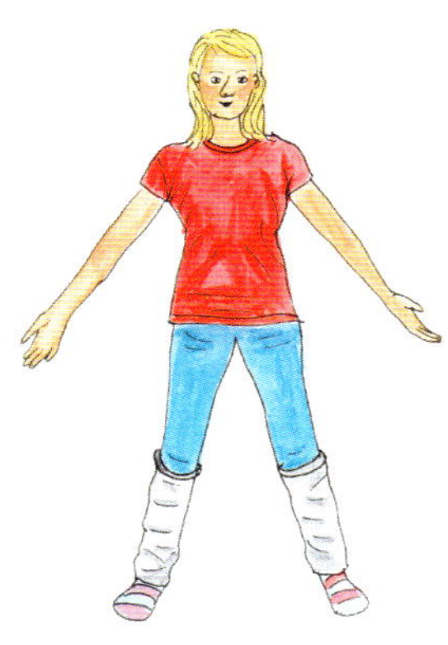

He mutt ut Hamborg sien
(er muss aus .... sein)

Literaturverzeichnis

Bein-Wierzbinski, W. (2005): Räumlich-konstruktive Störungen bei Grundschulkindern. Eine Untersuchung über die Bedeutung des neuromotorischen Aufrichtungsprozesses für die Blickmotorik und räumlich-konstuktives Darstellen sowie Möglichkeiten der Entwicklungsförderung durch motorisches Training. 2. Aufl., Europäische Hochschulschriften, Reihe XI, Bd. 910. Frankfurt a. M. et al: Peter Lang, 2005.

Bein-Wierzbinski, W. (2007a): Kindergarten- und Grundschulkinder profitieren von gezielter Gymnastik. Praxis der Psychomotorik. Zeitschrift der Bewegungserziehung. Jg.32(4) 2007:1–10

Bein-Wierzbinski, W. (2007b): Entwicklungsschritte im ersten Lebensjahr und mögliche Abweichungen sowie deren Auswirkungen bis ins Schulalter. Poster zu beziehen über www.paepki.de

Bein-Wierzbinski, W. (2008): Eine kleine Raupe geht auf Wanderschaft ... Und macht viele Bekanntschaften: Neuromotorisches Übungsprogramm für Kinder im Vorschulbereich und in der Grundschule, 2. Auflage. Dortmund: verlag modernes lernen, 2008.

Bein-Wierzbinski, W., R. Scheunemann, C. Sepke (2008): Mögliche Zusammenhänge zwischen Kopfgelenksdysfunktionen und blickmotorischen Auffälligkeiten bei Grundschulkindern mit Schulschwierigkeiten. Berlin et al: Springer. Manuelle Medizin 5/ 2008:307–315.

Bein-Wierzbinski, W. (2009): Wahrnehmung durch gezielte Bewegungsförderung. In: Autismus - der individuelle Weg –Bericht der 12. Bundestagung in Nürnberg vom 5. bis 7. September 2008. Hrsg: Autismus Deutschland e.V., Bundesverband zur Förderung von Menschen mit Autismus, 2009.

Bein-Wierzbinski, W. (2010): Bewegungsförderung im Alltag – Tragegriffe. 5 Karten mit unterschiedlichen Tragegriffen für Säuglinge mit erläuterndem Text. Zu beziehen über www.paepki.de

Biedermann, H. (Hrsg.) (2006): Manuelle Therapie bei Kindern. Indikationen und Konzepte. – München: Urban und Fischer Verlag. 2006.
Christ, B. (1993): Anatomische Besonderheiten des Halses. Manuelle Medizin 31/ 1993: 67–68.

Coenen, W. (1996): Die sensomotorische Integrationsstörung. Manuelle Medizin 34/ 1996: 141–145.

Coenen, W. (2010): Manuelle Medizin bei Säuglingen und Kindern. Entwicklungsneurologie, Klinik und therapeutische Konzepte. - Heidelberg: Springer Medizin Verlag, 2010.

Ministerium für Soziales, Gesundheit, Familie, Jugend und Senioren des Landes Schleswig Holstein (2000): Bericht über die Untersuchungen des Kinder- und Jugendärztlichen Dienstes und der Zahnärztlichen Dienste in Schleswig-Holstein im Jahr 2000.

Ministerium für Soziales, Gesundheit, Familie, Jugend und Senioren des Landes Schleswig Holstein (2006): Bericht über die Untersuchungen des Kinder- und Jugendärztlichen Dienstes und der Zahnärztlichen Dienste in Schleswig-Holstein im Jahr 2006.

Papousek, M. (2001). Intuitive elterliche Kompetenzen: Eine Ressource in der präventiven Eltern-Säuglings-Beratung und -Psychotherapie. Frühe Kindheit, 4/ 2001: 4–10.

Papousek, M., Schieche, M., Wurmser, H. (Hrsg.). (2004): Regulationsstörungen der frühen Kindheit: Frühe Risiken und Hilfen im Entwicklungskontext der Eltern-Kind-Beziehungen. - Bern: Huber, 2004.

Papousek, M. (2006): Ein guter Start ins Leben. Neue Antworten auf neue Herausforderungen. Interdisziplinärer Kongress der Deutschen Liga für das Kind, Bertelsmannstiftung und BZgA, dbb forum berlin, 30. Mai 2006

Sacher, R. (2004): Handbuch KISS KIDDs. Entwicklungsauffälligkeiten im Säuglings-/Kleinkindalter bei Vorschul-/ Schulkindern – ein manualmedizinischer Behandlungsansatz. Dortmund: verlag modernes lernen, 2004.

Schlack, H.G. (2004): Neue Morbidität im Kindesalter - Aufgaben für die Sozialpädiatrie. Kinderärztliche Praxis 75: 292–299.

Schlack, H. G. (2006). Eigenaktivität – Triebfeder der Entwicklung des Kindes. Vortrag 10-Jahres-Tagung der Kaiserin Auguste Victoria Gesellschaft für Präventive Pädiatrie.

Schlack, H. G. (2007): Die neuen Kinderkrankheiten. Wissen & Wachsen, Schwerpunktthema Gesundheit & Bewegung, Wissen. Verfügbar über: http://www.wissen-und-wachsen.de

Spangler, G., P. Zimmermann (1999): Bindung und Anpassung im Lebenslauf: Erklärungsansätze um empirische Grundlagen für Entwicklungsprognosen. In: Oerter, v. Hagen, Röper und Noam (Hrsg.): Klinische Entwicklungspsychologie. – Weinheim:
Psychologie Verlags Union, Beltz, 1999: 171–194.

Stich, H.L. (2009): Teilleistungsstörungen bei Einschulungskindern. Eine differenzierte Analyse der Prävalenzen von Entwicklungsverzögerungen über einen Zehnjahreszeitraum. Kinder- und Jugendmedizin 1/2009: 42–48.

Vojta, V. (1988): Die zerebralen Bewegungsstörungen im Säuglingsalter: Frühdiagnose und Frühtherapie. 5. durchgesehene Auflage. - Stuttgart: Enke, 1988.

Vojta, V., A. Peters (1997): Das Vojta-Prinzip: Muskelspiele in Reflexfortbewegung und motorischer Ontogenese. 2. überarb. Auflage. - Berlin et al.: Springer, 1997.

Zukunft-Huber, B. (2008): Physiotherapeutischer Untersuchungsbogen zur Bewegungsentwicklung im ersten Lebensjahr - Teil 2: Untersuchung in Bauchlage. Zeitschrift f. Physiotherapeuten/ 60, 2008: 342–346

Quellennachweis

An'ne Eck steiht'n Jung mit'n Tüdelband
altes Hamburger Volkslied von 1911, erstmalig gesungen von den „Gebrüder Wolf" (1917)
neu in Szene gesetzt

„Fahren, Fahren, Fahren..."
von Wolfgang Hering: Bewegungslieder für Kinder, rororo 1490,
neu in Szene gesetzt

„Krokodil aus Afrika"
frei nach:
„Krokodil aus Afrika" von Dirk Weigel: Lieder der Rasselbande (www.dirkweigel.de/pdf/Lieder_der_Rasselbande.pdf)
neu in Szene gesetzt

„Moin, ich heiß' Johanna"
frei nach:
„Hannes aus der Knopffabrik"
überliefert, teilweise überarbeitet und in Szene gesetzt von Rüdiger Klupsch – Sahlmann, Lehrer (www.mehr-Bewegung-in-die-Schule.de)
neu in Szene gesetzt

„Viele kleine Erbsen"
frei nach:
„Erbsen kullern auf die Straße"
Aus: Wedekind, Hartmut: Spielebox A.- Berlin 2002
neu in Szene gesetzt

„Wipp und Wapp"
frei nach:
Ionicia Gemmel, private Sammlung auf homepage: www.Kinderwelt.de
neu in Szene gesetzt

„Klapprige Kommode", „Armschaukel", „Karussell"
In Anlehnung an INPP-Übungen, GB-Chester

Register der Spielkategorien

	Kraft	Toben	Gruppe	Wettstreit	Boden	Geschicklichkeit	Koordination	Mobilisation
Tobe- und Kraftspiele in der Turnhalle								
Schieb' den Zug	●	●						
Kanonenkugel	●							
Die Karawane zieht weiter	●							
Baumstämme transportieren	●	●						
Grabenspiel	●					●		
Platz erobern	●						●	
Stierkampf	●					●	●	
Zauberspiel		●					●	
Zauberspiel mit Tieren		●					●	●
Hubschrauberspiel		●						●
Kronenspiel		●						
Popcorn-Spiel	●	●				●	●	●
Möbel- oder Umzugsspiel	●						●	
Gruppen- und Wettstreitspiele in der Turnhalle								
Stürmische Seefahrt			●				●	
Spiel mit Bänken	●		●				●	
Wettstreit mit Bällen	●			●			●	
Ballwechsel für Fortgeschrittene	●				●		●	●
Tauziehen mit Riesenschlange	●				●			
Spiele mit Sprechgesang oder Musik in der Turnhalle								
Viele kleine Erbsen	●				●			
Ich hab' die ganze Nacht gefischt	●		●		●			
Wipp und Wapp	●				●			●
Krokodil aus Afrika	●		●		●		●	●
Wir fahren, fahren, fahren…			●		●		●	
Drück' den einen und gib' den anderen weiter	●		●					●
Handpatscher in der Turnhalle			●				●	
Brötchen belegen im Lotussitz								●
Bewegungsgeschichten in der Turnhalle								
Oben auf dem Dach						●		
Flugzeugreise	●						●	
Klassenraumübungen								
Popo-Lauf								●
Fußgewitter und der Sonne den Bauch kitzeln								●
Recken, Strecken und Abhängen/Aufstehen – Ach, nee, doch nicht!								●
Brötchen belegen								●
Luftballon spielen	●							
Das hast Du gut gemacht!							●	●
Antennen ausfahren	●						●	
Stampf-Stampf, Patsch-Patsch	●							
Armschaukel						●	●	
Ruckel-Zuckel im Klassenraum						●	●	
Zusammen- und Auseinanderfalten						●	●	
Sitzende Giraffe macht Gymnastik	●					●		

	Kraft	Toben	Gruppe	Wettstreit	Boden	Geschicklichkeit	Koordination
Bewegungsgeschichten im Klassenraum							
Unwetter	•						•
Querfeldein – Gedanklicher Ausflug über Feld und Wiesen	•						•
Abfahrtski	•						•
Spiele mit Sprechgesang im Klassenraum							
Handpatscher im Klassenraum			•			•	•
Johanna	•		•			•	•
An'ne Eck steht'n Jung mit'n Tüdelband	•					•	•

Register der Trainingswirkungen

Nackenaufrichtung (= Halsaufrichtung, Nackenstreckung)
Schulteraufrichtung (= Schulteröffnung, Schulterstärkung, Armtraining, Außenrotation der Arme)
Handaufrichtung (= Supination, Verbesserung der Handmotorik)
Haltung (= Körperspannung, Ganzkörperspannung, Rumpfspannungsaufbau, Stärkung der Rückenstrecker, Unterbauch, Haltungsaufbau, Kraftdosierung)
Rotation (= Rotationsanbahnung, Lateralflexion, Beckenschrägstellung, An-bahnung diagonaler Züge, Rumpfrotation, alternierende Bewegungen)
Beckenaufrichtung (= Beckenbodentraining, Dehnung/Stärkung der Lendenwirbelsäule, Sitzhöckertraining, Becken- und Beinkräftigung, Beckenbeugung, Ausgleich zwischen Beuge- und Strecktonus)
Abduktion (= Abspreizen der Beine, Mobilisation der Hüftgelenke, Außenrotation der Beine)
Fußaufrichtung (= Supination, Stärkung der Fußgewölbe)
Körpergefühl (= Propriozeption, Interozeption)

	Gleichgewicht	Nackenaufrichtung	Schulteraufrichtung	Handaufrichtung	Haltung	Rotation	Beckenaufrichtung	Abduktion	Fußaufrichtung	Koordination	Ausgleichsbewegungen	Körpergefühl
Tobe- und Kraftspiele in der Turnhalle												
Schieb' den Zug			•	•	•		•			•		
Kanonenkugel					•		•					
Die Karawane zieht weiter					•		•	•				
Baumstämme transportieren			•		•							
Grabenspiel	•		•	•	•							
Platz erobern					•		•					
Stierkampf			•		•							
Zauberspiel	•	•	•	•	•	•	•	•		•		•
Zauberspiel mit Tieren	•		•			•	•	•		•		•
Hubschrauberspiel	•		•	•		•						
Kronenspiel	•				•							•
Popcorn-Spiel	•						•					
Möbel- oder Umzugsspiel	•		•	•		•	•	•		•		•

	Gleichgewicht	Nackenaufrichtung	Schulteraufrichtung	Handaufrichtung	Haltung	Rotation	Beckenaufrichtung	Abduktion	Fußaufrichtung	Koordination	Ausgleichsbewegungen	Körpergefühl
Gruppen- und Wettstreitspiele in der Turnhalle												
Stürmische Seefahrt	•		•		•		•	•				
Spiel mit Bänken	•		•			•	•					•
Wettstreit mit Bällen			•		•	•	•	•				
Ballwechsel für Fortgeschrittene					•	•	•	•				
Tauziehen mit Riesenschlange			•		•		•	•	•			
Spiele mit Sprechgesang oder Musik in der Turnhalle												
Viele kleine Erbsen			•	•			•					•
Ich hab' die ganze Nacht gefischt			•			•	•		•			•
Wipp und Wapp			•	•		•	•					
Krokodil aus Afrika			•			•	•		•			
Wir fahren, fahren, fahren...		•	•			•	•			•		
Drück' den einen und gib' den anderen weiter					•	•	•					•
Handpatscher in der Turnhalle				•		•				•		
Brötchen belegen im Lotussitz					•	•	•	•	•			
Bewegungsgeschichten in der Turnhalle												
Oben auf dem Dach	•		•			•	•	•			•	
Flugzeugreise			•	•	•	•				•		
Klassenraumübungen												
Popo-Lauf					•		•			•		•
Fußgewitter und der Sonne den Bauch kitzeln			•		•	•	•			•		•
Recken, Strecken und Abhängen / Aufstehen – doch nicht!			•		•		•	•	•			•
Brötchen belegen					•	•	•	•	•			
Luftballon spielen					•							•
Das hast Du gut gemacht!					•	•						•
Antennen ausfahren		•	•	•	•		•					
Stampf-Stampf, Patsch-Patsch		•	•	•	•		•			•		•
Armschaukel			•	•		•				•		
Ruckel-Zuckel im Klassenraum			•	•		•				•		
Zusammen- und Auseinanderfalten					•		•	•		•		•
Sitzende Giraffe macht Gymnastik		•	•			•	•	•	•			
Bewegungsgeschichten im Klassenraum												
Unwetter			•	•	•							•
Querfeldein – Gedanklicher Ausflug über Feld und Wiesen		•	•	•	•	•	•	•	•	•		•
Abfahrtski	•				•	•	•			•	•	
Spiele mit Sprechgesang im Klassenraum												
Handpatscher im Klassenraum				•		•				•		
Johanna	•	•		•				•	•		•	•
An' ne Eck steht' n Jung mit' n Tüdelband					•	•				•		

Die Autorinnen

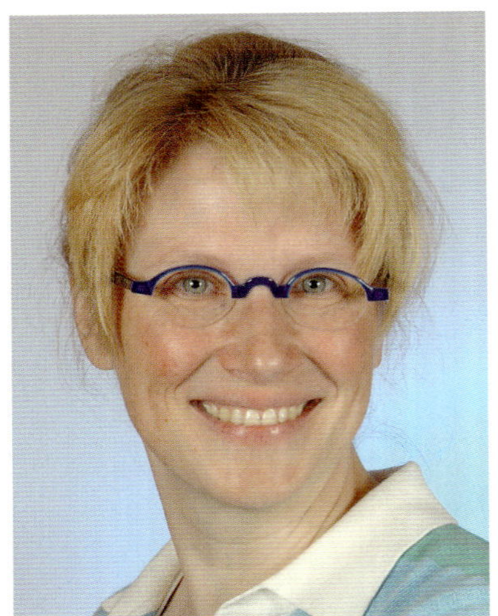

Dr. Wibke Bein-Wierzbinski
PäPKi®- Pädagogische Praxis für Kindesentwicklung

Als Erziehungswissenschaftlerin und Begründerin der Entwicklungs- und Lerntherapie nach PäPKi® arbeitet sie seit nunmehr 27 Jahren mit Kindern, bei denen umschriebene Entwicklungsstörungen motorischer Funktionen diagnostiziert wurden mit möglichen Auswirkungen auf die Sprechmotorik sowie auf schulische Belange wie Lese-, Schreib- und Rechenkompetenzen. Ihr Forschungsschwerpunkt konzentriert sich auf das Auffinden von Entwicklungslücken, die zu umschriebenen Entwicklungsstörungen führen und nachträglich in Form von gezielten Bewegungsübungen geschlossen werden können.
www.paepki.de

Christiane Heidbreder-Schenk
Physiotherapeutin, Bobaththerapeutin
Entwicklungs- und Lerntherapeutin nach PäPKi®

Ihre Spezialisierung zur PäPKi®Therapeutin veränderte ihre Sicht auf die Ursachen und die Lösung vieler Probleme, mit denen sich Schüler*innen und Lehrer*innen heute auseinander setzen müssen. Bei Verhaltens- und Lernschwierigkeiten von Kindern hat es sich bewährt zu prüfen, ob im neuromotorischen Aufrichtungsprozess etwas nachzuholen ist. Basierend auf der PäPKi®-Grundlage und ihrer jahrelangen Erfahrung in Kindergärten und Schulen hat sie vielfältige Ideen und Spiele entwickelt, um Kinder mit Freude bei der Förderung ihrer Entwicklung zu unterstützen.
www.kinder-heidbreder-schenk.de

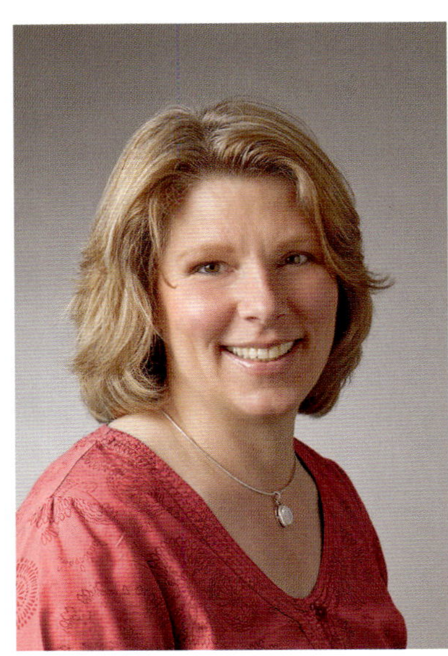